군것질 영어

군것질 영어
친근함의 함정

Rope always breaks at its weakest point!

■ 책머리에 ■

서로 다른 문화에서 쓰이는 언어 뉘앙스의 미묘한 차이는 언어를 연구하는 사람들에게 다양한 주제가 될 수 있다. 한국어와 영어의 개념적 불일치로 인해 나타나는 언어 현상 또한 그렇다. 중학교 영어 교과서의 표현을 이러한 관점으로 연구한 결과에 근거하여 이 책을 쓰게 된 이유는 크게 세 가지가 있다.

우선, 거의 비슷한 정도의 오류 표현을 담고 있는 현행 중학교 영어 교과서들이 정확한 표현으로 재탄생되기를 기대하고 싶어서이다. 필자가 영어 교육학 박사 논문을 쓰면서 분석한 중학교 1학년 영어 교과서에는 생각지도 못한 잘못된 표현들이 곳곳에 숨어 있었다. 언어학을 전공한 영어원어민 교수님과 박사 논문을 지도해주신 은사님의 수많은 피드백을 받아 영어 교과서에 나타난 오류 표현을 찾았고, 영어원어민 강사 15명에게 설문지를 작성해 80% 이상(12명)이 오류라고 인정한 것들만 모아서 분석하였다. 이전의 비슷한 연구와 비교했을 때, 한국의 영어는 달라진 것이 거의 없었다. 여러 번 교육과정이 바뀌어도 오류의 전통은 변함없이 계승되고 있다. 교과서 저자, 출판사, 교육 기관들이 좀 더 세밀하게 검토한 후 영어 교과서를 출판한다면, 정확성보다 유창하기만 하면 된다는 잘못된 방향의 한국 영어교육의 현실은 훨씬 더 밝아질 것이다. 이 책에서 다룬 50가지 오류 표현은 일상생활에 자주 쓰이고 친근한 표현이어서 왜 잘못 쓰였는지 알 수 없는 것이 대부분이다. 하지만 영어자습서, 문법서 그 어느 책에도 이 오류 표현들이 오용된 근거를 판단할 수 있는 지식을 제공하지 않는다. 이 책에 언급된 표현의 용법은 언어학적 전문지식을 토대로 쉽게 풀어서 설명을 추가하였다.

다음으로, 재미있고 유익한 에피소드를 읽으며 되새길 수 있는 표현을 잘 기억하고, 그 표현에 적합한 언어학적 지식을 쌓길 바란다. 이론적인 설명은 이해하기 쉽도록 간결하게 정리하여 덧붙였다. 필자의 직접, 간접 경험들이 짧은 수필처럼 흥미롭게 읽을 수 있도록 쉽게 설명되어 있지만, 관련된 언어학적 전문지식은 지면 공간의 한계로 충분히 다루어져 있지 않은 것이 아쉬운 점이다. 영어 교과서에 나타난 오류 수정을 토대로 쓰인 책이라고 해도 언어학적 또는 실용 영어의 관점에서는 다른 견해를 보일 수도 있다는 점은 충분히 알고 있다. 이 책에서 발견되는 오류나 부족함은 필자의 능력과 시간의 한계에서 비롯된 것으로 독자의 넓은 이해와 충고를 함께 기대한다.

마지막으로, 독자들에게 이 책은 관심 있는 부분부터 먼저 읽다가 언제든지 덮어버리고, 생각나면 다시 펼쳐서 읽어도 전혀 부담 없는 '군것질 영어'가 되기를 바란다. 언어 사용과정에서 모국어의 영향으로 누구나 많은 실수를 범하는 것은 당연한 일이다. 자신의 실수를 통해서 배우는 것은 언어학습의 가장 좋은 방법이다. 이러한 실수는 묵인해도 괜찮은 것과 해서는 안 되는 실수가 있으므로 피할 수 있는 실수는 최대한 줄여 이 책을 읽기 전보다는 좀 더 고급스러운 영어 표현을 할 수 있기를 바란다. 영어원어민 화자들은 우리가 생각하는 것보다 실수에 대해 매우 관대하다. 마찬가지로 한국어에 익숙하지 않은 외국인과 대화할 때 시제가 틀리고 잘못된 어휘를 선택해도 우리는 그들에게 친절하게 문맥을 바로잡아줄 것이다. 언어를 습득할 때 그 누구도 실수 없이 완벽해질 수는 없다. 자신 있게, 작은 조각부터 하나씩 하나씩 잘 다듬어서 만족스러운 결과를 얻을 수 있기를 기대한다.

모든 에피소드를 읽고 의미론, 형태론, 통사론, 화용론의 언어학적 전문지식과 이론, 독자들이 이해하기 쉬운 예문들을 300페이지 이상의 방대한 분량으로 함께 집필해주신 이예식 교수님께 깊은 감사의 마음을 전해 드린다. 아쉽게도 책에 모두 담아내지는 못했다. 더불어 에피소드 내용이 잘 전달되도록 재미있는 삽화를 정성껏 그려주신 일러스트 지소현님과 촉박한 일정에도 불구하고 이 책의 출판을 기꺼이 맡아주신 W미디어 박영발 사장님께도 깊은 감사를 드린다.

지난 5년 동안 박사 논문을 쓰기 위해 수집한 설문지와 분석 자료를 토대로 이 책을 출간할 수 있도록 큰 용기를 주신 이예식 교수님을 대신해서 머리말을 마친다.

2020년 7월

김지희

contents

Chapter4. 'The'의 집을 찾아서 etc.　'The' in the Right Place etc.　77

Chapter5. 같아 보이지만 다른 동사　They Look the Same but They're Not　99

1

가장 흔한 실수들

Top English Mistakes

인형처럼 예쁘네요!

a doll vs. a stuffed animal

아래 그림은 장난감 가게에서 딸과 아버지 사이의 대화 장면을 보여주고 있다. 딸이 곰 인형을 가리키며 "Dad, please buy me a new doll."이라고 자신의 의사 표현을 하고 있다. 한국에서 중등교육을 받은 사람 대부분은 이 문장에 오류가 있음을 인식하지 못할 것이다. 이 문장에서 문제가 되는 단어는 바로 'doll'이다.

Dad, please buy me a new doll.

위 내용과 유사한 대화가 들어간 다른 출판사의 영어 교과서에서도 여전히 같은 실수를 찾을 수 있다. 아래 그림에서 그 실수를 확인해보자. 역시 'doll'이라는 단어가 나오는데, 그 이유는 다음 페이지에서 쉽게 설명하였다.

How many dolls do you have?

FLEA MARKET

5dolls.

영어라는 언어의 학문적인 기초를 다지기 시작하는 한국의 중학생들이 공부하는 영어 교과서에서 찾은 실수는 한국어가 모국어인 교과서 저자들에게서 흔히 나타난다. 이것을 '모국어 간섭현상'이라고 학문적인 정의를 내릴 수 있다. 영어 교과서를 편찬하는데 있어서 이런 실수들이 수정되지 않고, 여러차례 반복되는 것은 참으로 안타까운 일이다. 이 책을 출판하는 목적은 한국의 영어 교육이 더욱더 올바른 방향으로 나아가길 바라는 관점이므로, 특정한 출판사 혹은 교육기관을 폄하하거나, 비판하기 위함은 아니라는 것을 명확히 밝히고 싶다.

영어의 'doll'과 한국어 '인형'은 같은 뜻을 나타낸다고 생각하는 사람이 많다. 영어에서 'doll'은 좌측 그림의 Barbie 인형처럼 사람 형상의 인형을 가리키지만, 우리말 '인형'은 사람뿐만 아니라 동물 형상을 한 것까지 모두를 가리킨다. 앞에서 살펴본 그림에 나타난 인형은 동물 형상의 장난감이지만, 이들을 가리키며 'doll'을 사용하였다. 동물 형상의 장난감을 가리키는 영어 단어는 'stuffed animal'이다. 우리말의 '인형'은 사람, 동물 형상을 구분하지 않지만, 영어에서는 'stuffed animal'과 'doll'로 구분되어 있다. 영어 학습이 거의 완벽하다고 여겨지는 교과서 저자들조차 한국인의 언어 심리에 따른 모국어의 영향을 피해갈 수 없는 것이다.

아래 대화문에서 당나귀처럼 생긴 피냐타를 화자 B가 'a kind of doll'이라고 다시 설명하고 있다. (중학교 영어 교과서 예문)

A: What's a pinata?
B: It's a kind of paper doll.

피냐타는 아래 그림처럼 동물 모양으로만 만들어지는 것이 아니라 큰 별처럼 만들 수도 있다. 하지만 이 대화문에서 당나귀 모양의 피냐타를 제시하고 일종의 인형이라고 설명하는 것은 영어의 'doll' 개념을 정확하게 이해하지 못한 결과라 할 수 있다. 심각한 문제는 대부분의 한국 학생들이 이러한 오류를 인식하지 못하고 사용한다는 점이다.

이 사람이 우리 와이프입니다

This is our wife, Sujin. vs. This is my wife, Sujin.

제목에서부터 감을 잡으셨으리라 생각된다. 한국인에게 뼛속 깊이 새겨진 '우리 나라, 우리 학교, 우리 엄마, 우리 신랑, 우리 집사람, 우리 언니, 우리 오빠…' 이 구문들은 공동체 의식을 중요시했던 우리 한민족의 후예들에게는 너무도 친숙하다. 특히 '우리 신랑'과 '우리 집사람'은 "쿨내음마저 진동한다"라며 한국 소재 국제대학교에서 언어학을 강의하는 미국인 친구 W 교수가 농담 삼아 요즘 대학생 또래들의 말투로, 서툰 한국어 발음을 머금은 채 재미있게 의사전달을 한 적이 있어서 '쿨하게' 소개할까 한다.

W 교수는 영어가 모국어이니 한국인들의 과도한 '우리 신드롬'에 대해 의아해할 수도 있을 것이다. 한국어로 말할 때 '우리 남편, 우리 집사람'이라는 표현은 전혀 어색하지 않았지만, 영어로 소개하는 대화를 이런 식으로 들었을 때 처음에는 놀랍기도 했고, 심지어 고맙기도 했다며 그만의 고유한 유머 감각을 보여주었다. 40대 초반의 독신남인 W 교수는 한국에서 강의한 지 4년이 지났고, 한국 학생들을 가르치며 한국어 말하기, 쓰기 능력도 상당한 수준이 되는 편이라서 'my husband, my wife'로 자동 수정 가능하니까, 4년 정도만 더 지나면 영어와 한국어 간의 문화적 차이는 충분히 극복할 수 있다고 자신 있게 말했다.

한국에서 공부하며 미국 학위를 받을 수 있는 국제대학교에 재학 중인 한국인 대학생들은 그들의 학교를 타인에게 소개할 때 'Our University'라고 할까, 'My University'라고 할까? 경우에 따라 다른 답이 나올 수 있다는 사실을 다음 페이지에서 아주 쉽고 상세하게 설명해 놓았다. 영어원어민과 비즈니스 관련 대화를 하거나 자기 소개할 때 유의하시길.

한국 사람들이 구사하는 영어를 듣고, 영어 화자들이 가장 많이 놀라는 한국식 영어표현 중의 하나
는 'our wife'이다. 많은 한국인 영어학습자들은 영어로 자신의 아내를 소개하면서 "This is our
wife, Sujin."이라고 한다. 이 표현을 접한 영어 화자들은 다음과 같이 의아해할 것이다. 일부일처
제 나라가(a monogamous country) 아니라, 손님에게 자신의 아내를 내어주는 이상한 풍습을
가진 나라인가? 물론 위 표현은 "This is my wife, Sujin."이라고 해야 한다. 이와 비슷한 표현이
한국의 중학교 1학년 영어 교과서에도 발견된다. 아래 영어표현을 살펴보자.

> Hi, everyone!
> I will introduce my family.
> There are five in our family.

위 영어문장의 맥락은 중학교에 진학한 신입생들이 반 친구들에게 자신을 소개하는 장면이다. 세
번째 문장에서 자신의 가족을 'our family'라고 표현하였다. 여기서 문제는 인칭표현을 한국어 방
식으로 하고 있다는 것이다. 화자는 처음에 자신의 가족을 'my family'라고 표현했다가 그 다음은
'our family'로 바꾸었다. 'our'는 화자와 청자를 다 함께 묶어 지칭할 때 사용하는 소유격의 인칭
이다. 결과적으로, 교과서 화자는 'our'를 사용하여 반 친구들을 모두 자신의 가족 일원으로 만들어
버렸다. 위 대화문의 화자 머릿속 생각을 잠시 추적해보면 왜 갑자기 'my' 대신 'our'를 사용하게
되었는지 이해할 수 있다. 처음에는 자신의 가족을 반 친구들에게 소개할 예정이었으므로, 당연히
자신과 자신의 가족을 반 친구들과 분리해 놓고 있다. 이런 관점에서는 자연스럽게 'my family'
라 했고, 자신의 가족은 다섯 명으로 구성되어 있다고 소개하는 단계에 이르러 이 다섯 명의 가족에
자신도 포함되어 있다는 것을 인식하게 된다. 따라서 자신과 나머지 네 명의 가족을 묶어서 'our'
라 표현한 것으로 볼 수 있다. 하지만 이런 방식의 인칭표현은 한국어 방식에 불과하다. 영어는 반
드시 화자와 청자를 포함할 경우만 'our'라는 소유격 인칭표현을 허용한다.

대화 상대자는 실제로 포함되지 않은 학교, 단체, 회사, 국가 등을 'our'로 수식하는 경우도 있다.
(our university, our community, our company, our country) 이러한 경우의 1인칭 복수
소유격 'our'는 'we-feeling'을 유발하는 기능을 갖는다.

The Coca-Cola Company Recommends Health & Safety: We Are Focused on
the Safety of Our Employees, Our Visitors and the Public

우리말 '친구'와 영어의 'friend'

friends vs. classmates

영어 단어 'friend'는 일상생활에서 사용 빈도수가 높은 말이며, 아주 어린 시절에 습득되는 단어이다. 한국어의 '친구'와 그 의미가 같다고 배웠고, 그렇게 이해를 하고 있다. 하지만 문화적으로 '친구'의 의미는 다음과 같이 몇 가지 측면에서 차이가 있어서 'friend'라는 단어를 잘못 사용하는 경우가 종종 있다. 이런 차이점을 쉽게 이해하기 위하여 중학교 1학년 영어 교과서에서 발췌한 문장들을 살펴보았다. 무엇이 문제일까?

> In middle school I wear a uniform.
> In elementary school I had many old friends.
> In middle school I have many new friends.
> I like middle school.

위 영어문장에서 두 번째 문장의 'many old friends'라는 구는 'old'를 빼고 'many friends'라고 해야 한다. 친구란 이미 오래된 사이임을 뜻하니까! 그리고 세 번째 문장의 'many new friends'는 'friends' 대신 'classmates'를 써서 'many new classmates'라고 바꾸자. 중학교에 입학한 후 처음 만난 친구들과 초등학교 내내 어울려 다니던 친구들은 서로 다른 의미이지만, 한국어는 언제나 같은 단어를 쓰고 있다. '친구, 아이가?' 이런 대사가 들어간 유명한 한국 영화에서의 그 친구가 바로 'friend'이고, '쉐도잉 영어 회화'라고 검색하면 몇 년째 랭킹 1위를 고수하는 미국 드라마 시트콤 'Friends'에 등장하는 드라마 속 친구들 6명 또한 바로 그 'friend'라고 할 수 있다. 영어는 이러한 구분을 너무도 명확히 하므로, 중학교 입학한 지 얼마 되지 않아 만난 반 친구들은 'classmate'라고 당연히 수정해야 한다. 문맥에 맞게 다시 정리해 볼까?

> In middle school I wear a uniform.
> In elementary school I had many friends.
> In middle school I have many new classmates.

> 중학교 영어 교과서... 대박 실망!
> 다음 교육과정에서 꼭 Flex해버리세요~!

서로 '친구'가 되려면 나이가 비슷하고, 평소에 자주 만나는 사이를 의미한다. 하지만 영어의 'friends'는 나이 차이가 스무 살이 넘어도 'friends'가 될 수 있다. 또한, 자주 만나더라도 사생활을 공유하는 사이가 아니면 'friends'가 될 수 없다.

교과서 문장 속 화자 'I'는 중학교에 이제 막 입학한 신입생이다. 이렇게 어린 학생이 어떻게 'many old friends'가 있을 수 있겠는가? 'old friends'를 가질 수 있는 나이는 적어도 40~50대가 되어야 가능하지 않을까? 그리고 중학교에 진학해서 바로 만난 급우들은 영어의 'friends'가 될 수 없다. 사생활을 공유할 정도로 친해지려면 어느 정도 시간이 흘러야 가능하다. 같은 반이 되어 단순히 알게 된 사이는 'classmates'라고 해야 바른 표현이다. 이런 점을 고려해서 아래 영어 대화를 살펴보자.

> T: Sora, you look serious. What's the problem?
> S: I want to have more friends. My friends don't want to talk with me.
> T: Do you know why?
> S: No, I don't.
> T: How often do you listen to their problems?
> S: Only sometimes. I just don't have time.
> T: How about making more time for your friends?
> S: Thank you, I will.

위 영어 대화는 선생님과 중학교 1학년 신입생과의 대화이다. 여러 곳에 어색한 표현들이 있지만, 우선 'friends'의 쓰임과 관련된 표현을 살펴보자면, 위에서 설명한 것처럼 학생 소라의 첫 번째 대화는 다음과 같이 수정해야 한다. "I want to make some friends, but my classmates don't talk with me." '친구를 사귀다'는 전형적으로 'make friends'라 표현된다. 그리고 대화의 맥락상 학생이 새로운 친구를 사귀지 못해서 선생님과 그 문제에 대하여 상담을 하는 상황이므로 'more friends'라는 표현도 맥락에 어긋난다. 'more'가 어떤 표현을 수식하면 그 표현이 나타내는 것이 '이미 좀 있다'라는 것을 가정할 수 있는 상황이어야 한다. 따라서 'more friends'는 친구를 사귀지 못하고 있다는 위 대화 맥락과는 어울리지 않아서 'some friends'로 고치는 것이 자연스럽다. Sora의 첫 번째 대화에 'My friends'는 'My classmates'로 고쳐야 한다. 친구들인데 어떻게 자신과 이야기를 하지도 않을까? 대화하지 않는다면 아직은 'friends'가 아닌 같은 반의 단순한 'classmates'일 뿐이다. 같은 이유로 선생님의 마지막 대화의 'your friends'도 'your classmates'로 수정해야 한다.

이제 제법 어른처럼 말하는구나!

You're talking like a man. vs. You speak like a grownup.

8년 정도 지난 이야기이다. 검은콩 서리태가 건강에 좋다고 홈쇼핑, TV 건강 교양프로그램에서 한참 홍보했던 때가 있었다. 지금은 대학생이 된 초등학교 5학년 아들에게 서둘러 식사를 챙겨주며 어수선한 저녁 시간을 보내고 있었고, 밤늦게까지 강의가 있던 날이어서 준비할 자료가 많았던 나의 말투는 조금 퉁명스러웠던 것 같다. 예정된 시간보다 1시간 늦게 귀가한 아들에게 "너, 콩밥 좀 먹을래?" 단지 달라진 밥의 종류를 말한 것뿐인데, 검은콩을 잘 불려서 햇밤과 은행을 넣은, 압력솥보다 훨씬 더 맛있게 된 돌솥 출신 콩밥을 차려주려던 엄마의 정성은 온데간데없이 사라지고…. 오오!! 아들 녀석이 울먹이며 말을 이어갔다.

"엄마! 친구 따라 PC방 한번 갔다고 감옥까지 보낼 필요는 없잖아?!! 다른 친구들 일주일에 한 번씩 PC방 가도 콩밥 안 먹는데." 이거 진짜 실화다!! 그날의 일을 생각하면 아직도 웃음이 난다. 열두 살 아들 녀석에게 엄마는 이 세상 모든 것을 다 아는 초능력자였나보다. 이제는 진짜 어른이 된, 그때 제법 어른처럼 말했던 아들 역시 그 일화를 잘 기억하고 있었다. 대학생이 된 아들과 어쩌다 서로 갈등이 생겨 어색한 분위기가 느껴지는 날, 가끔은 저녁상에 콩밥을 올리며 화해의 손길을 보내기도 한다. 결과는 당연히 훈훈한 마무리!

학교생활에 잘 적응하는 아들에게 "우리 아들, 이제 다 컸네!"라는 의미로 아버지가 칭찬하는 맥락의 표현을 살펴보자. (중학교 영어 교과서 예문)

You're talking like a man.

안타깝게도 이 표현은 아버지가 아들에게 '성인 남성과 같은 목소리로 이야기한다'라는 의미를 전하고 있다. Hillary Clinton처럼 남성 성인의 목소리와 비슷하게 갈라진 목소리로 말하는 여성을 두고 "She talks like a man."이라고 한다. 성전환 여성들은 30대 초반까지는 여성스러운 소리를 내다가 나이가 들면서 남성의 목소리에 가까워진다. 이런 경우 자신의 성별에 맞는 목소리를 갖기 위해 목소리 교정전문가를 찾아 치료받는 기사가 종종 미국과 같은 서방 언론에 보도된다. 이처럼 'talk like a man/woman'이라는 것은 목소리를 거의 여성스럽게 혹은 남성스럽게 만드는 것(to feminize or masculinize voices)과 연관되어 해석된다. 위의 영어 교과서 표현은 "우리 아들이 남자 목소리로 말하네!" 혹은 "우리 아들, 남자처럼 말하네!"라는 의미가 있으므로 해당 맥락과 전혀 맞지 않는 엉뚱한 표현이다. "우리 아들, 이제 다 컸네!"를 원래 의도처럼 영어로 표현하면 다음과 같다.

You sound all grownup.
You speak like a grownup.

* 어른처럼 말한다: sound all grownup, speak like an adult/a grownup
* 어른처럼 행동한다: act like an adult/a grownup
* 어른처럼 옷을 입는다: dress like an adult/a grownup
* 잔소리(nagging or lecturing)가 심한 부모님처럼 이렇게 저렇게 하라고 간섭하는 친구에게 하는 말: You sound like my parents.

문제없어요

No problem vs. Of course

이 책에 자주 등장할 필자의 친구가 타이완 여행에서 경험했던 실화를 듣고, 떠오르는 생생한 표현 하나가 있다. 타이완의 관광 명소인 '스린 야시장'행 MRT 타는 곳을 현지인 여자분께 물어보았던 친구! 타이완의 산책 도로 벤치 근처에서 영어 구사 가능한 사람을 찾기란 하늘의 별 따기였고, 그나마 간단한 영어 단어와 body language로 MRT 타는 곳을 알려 준 어떤 여자분은 그 시간, 그곳에서 최고의 English Speaker였다고 한다. 타이 위(대만어)와 영어 비율이 10:1이어서 잘 알아듣지 못하자, 그 여자분께서 "Follw me."라고 하시며, 도보로 10분가량 걸리는 MRT역으로 그 친구를 직접 데려다줄 기세였던 분위기여서 친구는 "Thank you."라고 말했고, "No problem."이라는 대답을 들었다고 한다.

지금부터 본격적인 스토리이다. 그 타이완 여자분이 친구에게 길 안내를 위해 벤치에서 일어섰을 때 앞, 뒤, 옆에서 놀고 있던 3세, 5세, 7세가량의 아이들이 동시에 "마마~"라고 말하며 함께 따라오는 것을 보고 그 힘든 상황에도 자신에게 길을 가르쳐 주기 위해 직접 역으로 안내해준 세 아이의 엄마에게 무한한 고마움을 느꼈다고 했다. 한국으로 돌아온 후 해외에서 온 관광객이 자신에게 길을 물어본다면 그리 긴 시간이 걸리지 않는 곳이 목적지라면 한 번쯤은 직접 차를 운전해서 데려다주겠다고 굳게 다짐한 친구…. 타이완에서 받은 친절을 다른 이에게 갚아 주고 싶어서였겠지. 여기까지는 충분히 이해할 수 있다.

경북 안동에 사는 그 친구가 시외버스터미널에 갈 일이 있던 날, 택시 승강장에서 금발의 여인 두 명이 길을 물어보는 것 같았고, 택시 기사님들이 고개를 가로저으며 창문을 닫는 것을 보고 운전대를 그쪽으로 돌렸던 날의 사건이다. 친구가 등장하자, 금발의 여인들은 '하회마을'로 가는 버스를 타려면 몇 번을 타면 되는지 가르쳐줄 수 있냐고 해서 "No problem."이라고 외치고, 반가운 나머지 두 여인을 자신의 차에 태우려 했고, 그 순간 어떠한 설명도 못 듣고 차에 갇히게 될 것 같았던 두 여인은 내 친구에게 배낭을 벗어 던져 내리치고, 욕설 비슷한 프랑스어를 큰소리로 마구 들려주었다는 황당한 해프닝이 있었다. 마음보다 몸이 늘 앞서 반응하는 친구야! 그날 고생 많았지?

이제 이야기를 정리하자면 타이완의 여자분은 "No problem.", 금발 여인들에게 길을 가르쳐 주겠다고 말한 내 친구는 "Of course."라고 표현해야 한다. 이 짧은 토픽을 위해 길고 긴 이야기가 오고 가고, 긴 글을 쓰고 읽고…. 그래서 한국어가 모국어인지라 가끔은 불편하기도 하다.

누군가에게 친절을 베풀고자 할 때 'no problem'이라는 표현을 쓴다. 아래 문장의 No problem."은 부적절한 표현이다. (중학교 영어 교과서 예문)

> G: Excuse me, Can you please open the gate for me?
>   My hands are full.
> M: No problem.
> G: Thank you.

위 문장은 "저기요, 문 좀 열어주시겠어요? 양손에 물건을 들고 있어서요."라고 하며 문을 열어 달라고 부탁하는 맥락이다. 잘 아는 사이 혹은 그렇지 못한 사이에 상관없이 여자의 부탁에 "No problem."이라고 반응을 보이는 것은 적절하지 못하다. 이 표현은 상대가 부탁한 것이 '문제'이지만, 기꺼이 부탁을 들어준다는 의미이다. 여성이 두 손에 물건을 들고 남성 앞에 있는 문을 좀 열어 달라고 부탁하는 맥락에서 '문제가 되는 일'로 받아들이는 것 같은 심리가 보이므로, 이런 경우 "Of course, here you go!"와 같은 표현을 사용하는 것이 남자의 반응으로 적절하다.

어떤 부탁을 받았을 때, 영어로 "No problem."이라고 대답하려면 그 부탁이 실제로 힘이 많이 들거나 상당한 노력이 필요한 경우에 적합하다. 그렇지 않은 경우 이런 표현을 사용하면 부탁한 상대가 별것이 아닌 것을 '문제'로 받아들인다고 느끼게 할 수가 있어서 되도록 피하는 것이 좋다. "Of course, my pleasure."와 같은 표현이 일반적으로 쓰인다.

나는 스파게티 요리에 능숙해요

I am good at cooking spaghetti. vs. I like cooking spaghetti.

영어원어민과 결혼한 지 20년이 된 친구 중 한 명이 결혼 초기에 남편으로부터 성격에 관한 오해를 받은 적이 있었다고 한다. 한국에서 중, 고등학교를 졸업한 그 친구는 영어권 대학을 다니며, 자신의 언어능력이 꽤 우수하다고 생각했었다. 하지만 평소에 오가는 대화 속에서 의미가 잘못 전달되어 거만한 성격의 소유자가 되어버려서 그 오해를 푸는 데 몇 년이 걸렸다는 해프닝을 들은 적이 있다. 그 대표적인 에피소드로, 무엇을 잘한다 혹은 무엇에 능숙하다는 표현을 할 때 보통 'be good at something'이라고 우리가 중, 고등학교 때 배운 것처럼 자주 말했던 터라 그 친구의 남편은 그녀가 모든 분야에서 탁월한 능력자인 줄 알았다고. 어느 날 "I am good at cooking spaghetti."라는 내 친구의 말에 그녀의 남편은 주위 지인들을 집으로 초대해 이탈리안 셰프 수준의 스파게티 요리를 아내가 선보일 것이라고 말해 당황한 적도 있었다고 하니, 모국어가 영어가 아닌 사람들의 어색한 영어표현으로 인해 빚어지는 해프닝은 매우 다양하게 나타날 것이다. 쉬운 문장부터 한 단계 한 단계 바로 잡아간다면 언젠가는 "I am good at English."라고 큰소리칠 수 있게 되지 않을까?

음... 완전 요리사군! 친구들 몽땅 초대해볼까? ㅎㅎ

아래의 대화문은 특별한 문제는 없어 보이지만, 영어원어민 화자에게는 다소 어색하게 들린다.
(중학교 영어 교과서 예문)

> B: What are you doing, Nancy?
> G: I'm making a smartphone case out of my old jeans.
> B: Wow! You're good at recycling old clothes.

위 대화문에서 문제가 되는 부분은 "You're good at recycling old clothes."이다. 무엇에 능숙하다고 말하려면 해당 대상을 평상시에 아주 잘해왔을 경우 하는 표현이며, Nancy가 평소에 헌옷을 어떻게 재활용했다는 내용의 대화가 선행되어야 한다. 이런 표현이 제대로 사용되려면 단순히 헌 청바지로 휴대폰 케이스를 만드는 것만으로 헌옷을 재활용하는 것에 능숙하다고는 할 수 없다. 'be good at ~ing/ something'을 '나는 무엇을 잘한다'라는 의미로 표현할 때 사용한다고 학교에서 가르친다. 그래서일까? 대부분의 한국인 영어학습자들은 "나는 피아노/수영/영어/수학 등등을 잘한다"라는 표현을 할 때 "I am good at playing the piano/swimming/English/ math, etc."라고 한다.

사실 이런 표현을 영어원어민 화자들은 잘 사용하지 않는다. 대신 "I like playing the piano."라고 하거나, "I guess I am good at math."라고 한다. 자신이 무엇에 능숙하게 잘한다고 직설적으로 이야기하는 것은 허풍스럽거나 거만하게 비쳐질 수 있다. 그런 표현을 약간 완화하고 겸손하게 나타내기 위하여 'I guess~'라는 표현과 함께 사용하기도 한다. 비슷한 의미를 갖는 표현으로 'be skillful at~', 'be amazing at ~', 'be great at~' 등이 있다. 모두 무엇에 능숙하거나 잘한다는 의미지만 'amazing', 'great'는 각각 '놀라울 정도로 (능숙하다)', '매우 (능숙하다)'라는 느낌을 더하여 'be good at'보다 능숙한 정도가 좀 더 강한 느낌이 있는 표현이다.

반대의 의미를 갖는 표현으로는 'be bad at~', 'be poor at ~', 'be terrible at ~' 등이 있고 '무엇을 형편없이 못하다'라는 의미가 있다. 물론 이 표현들도 상용된 형용사 각각의 의미만큼 차이가 있다고 할 수 있다.

긴 머리 스타일

a long hair vs. long hair

한국인들은 누군가의 외모를 묘사할 때 헤어스타일을 말하며 큰 실수를 한다. 여자들의 'a long hair'는 완전 엽기적일 뿐 전혀 매력적이지 않다.

> I think women with a long hair look charming. (Wrong)
> I think women with long hair look charming. (Right)

잘못된 표현인 첫 번째 문장은 머리카락 한 가닥만을 의미하기 때문에 'long hair'라고 해야 한다. 상상만 해도 우습다. 필자 역시 한국어가 모국어인 탓에 대학교 신입생 시절 영어원어민 교수님 강의에 지각했던 날 뜬금없이 외친 변명 때문에 위의 상황보다 더 황당한 일을 범한 경험이 있다.

평소 강의 시간을 엄격히 지켜달라고 말씀을 자주 하셨던 그 교수님께 숨이 가쁜 목소리로 그러나 정중하게 "I'm so sorry I'm late. I was washing my hairs and lost track of time." (늦어서 죄송해요, 교수님. 머리 감다가 시간 가는 줄 몰랐습니다) "Is that right?"(그러세요?) 웃음을 참을 듯 말 듯 하며 콧구멍 지름이 평소보다 더 커지실 것 같았던 교수님의 그 모습이 아직도 생생하다.

1학기 종강하던 날, 과제 제출하기 위해 연구실에 들른 나에게 산타할아버지처럼 자비로운 표정으로 은발의 교수님께서 건네주신 책 한 권…. 그 중에서 uncountable noun(불가산 명사) 부분에 형광펜으로 하이라이트 해주신 페이지 한쪽을 읽으면서 온몸의 털을 씻다가 지각한 한국인 학생의 비애를 뼈저리게 느꼈다. 그 후로 외국인과 대화할 때 불가산 명사나 단수, 복수 표현을 더 신중하게 말하게 되었고, 심지어 요즘은 관사와 가산, 불가산 명사에 대한 논문까지 영어로 쓰기도 한다. 그때 교수님께서 주신 그 책은 한여름의 크리스마스 선물이었다. 나의 이 흑역사를 읽은 여러분은 나와 같은 실수를 범하지 않기를 바란다. 머리를 감을 때 머리카락은 my hairs가 아니라 my hair로 표현할 것!

한국어에서 사탕은 헤아릴 수 있는 개체로 표현된다. 영어 화자들의 사탕에 대한 개념은 어떨까? 헤아릴 수 있는 개체로 인식될까? 'flour', 'salt', 'rice', 'water'처럼 헤아릴 수 없는 개체로 인식될까? 아래 대화 A의 질문에서 'candies'라고 복수형을 사용하고 있다. 바르게 사용되었는지 살펴보자. (중학교 영어 교과서 예문)

> A: Do you like candies?
> B: No, I don't. I don't like sweets.

영어의 'candy'는 셀 수 없는 'salt', 'rice', 'water' 등과 같은 물질명사에 속한다. 위의 대화 A에서는 무관사 단수 형태인 'candy'가 사용되어야 한다. B가 말한 'sweets'는 'candy'와 같은 의미로 사용되었다. 또한 복수형인 'candies'가 사용되어야 하는 경우는 아래 문장처럼 사탕을 낱개로 나타내어야 할 필요가 있을 때다.

Mary wanted me to bring some small, round candies to make the eyes for gingerbread men.
(Mary는 생강 쿠키의 눈을 만들기 위해 내가 몇 개의 작고 둥근 사탕을 가지고 오기를 원했다.)

이처럼 물질명사로 사용되기도 하고 가산명사로 사용되어 구체적으로 낱개의 개체를 지칭하는 용법을 보이는 명사는 'hair', 'clover', 'thread' 등이 있다.

I got quite a surprise when I saw her with short hair.
(그녀가 짧은 머리를 한 것을 보고 꽤 많이 놀랐다.)
I found a hair in my soup this morning.
(오늘 아침 국에 머리카락 하나를 발견했다.)
The field was covered with clover.
(그 들판은 클로버로 가득 덮여 있다.)
Mary was looking over three four-leafed clovers.
(Mary는 네 잎 클로버 3개를 살펴보고 있었다.)
I shall need some red thread to sew this dress.
(나는 이 옷을 꿰매기 위해 붉은 실이 좀 필요하다.)
Push a thread through a needle.
(실을 바늘귀에 끼워라.)

몰래한 사랑

a lover vs. a girlfriend & a boyfriend

한국에 있는 국제대학교에서 언어학을 강의하는 미국인 친구 W 교수가 한국에서 첫 강의를 시작하던 날, 학생들에게 영어로 자기소개를 시켰다. 서먹서먹하고 어색한 분위기를 유쾌하고 흥미롭게 보내려고 시도했건만 민망한 이야기를 듣고 당황했던 적이 있었다고 한다. 멀리 제주도에서 온 단정하고 모범생처럼 보였던 여학생의 자기 소개에 가족과 떨어져 외로움을 느낀다는 내용이 있어서 혹시 사귀는 남자 친구가 있냐고 물었더니 "Yes, I have a lover. His name is Yunho." O my! 이 정도면 W 교수가 민망할 만도 하지~ 남자 친구라도 있으면 의지가 될 것 같아서 위로해 주려다가 봉변당한 W 교수….

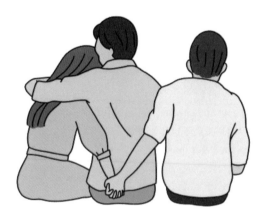

한국인들은 남자 친구나 여자 친구를 누군가에게 소개할 때 'a lover'라고 당당하게 말할 때가 있다. 이 표현은 영어원어민 화자들에게는 아주 재미있는 실수 같지만, 서로가 그다지 친근한 사이가 아니라면 매우 당황스럽고 민망한 분위기로 직진하는 지름길이 될 것이다. Lover has an innocent meaning in poems or songs, but in everyday conversation it has sexual overtones. 한국어로 직역하면 'Lover'는 시, 노랫말에서는 '천진난만한'의 뜻이 있지만, 일상 대화에서는 성적 관념을 가지는 사이를 뜻한다. 쉽게 설명하자면, 결혼한 남녀가 각자의 배우자(spouses) 몰래 밀회를 나누는 사이를 'a lover'라고 한다. 결혼도 하지 않은 대학생이 강의 첫날, 자기 소개하면서 내연남, 내연녀가 있다고 굳이 말할 필요가 있을까? 성인 남녀의 '연인' 사이를 지칭하는 단어로는 'sweetheart, partner, beloved' 등이 있다. 미국 흑인 가수 Stevie Wonder가 1985년 발표한 곡 'Part-Time Lover'에 나오는 가사를 해석해 보면 'a lover'의 뜻을 잘 이해할 수 있을 것이다 'Knowing it's wrong, but feeling so right.

참고로, 'a boyfriend, a girlfriend' 그리고 'spouses' 그들의 이별을 나타내는 단어들을 구분해 보았다. 'To separate(헤어지는 것)'는 결혼한 부부들이 막 이혼하려는 상황에 부닥친 상태를 묘사할 때 쓰는 말(별거)이며, 그런 부부들은 법률적인 조언을 얻은 후 그들의 결혼생활에 대해서 생각하기 위해 헤어진다. (separate) 시간이 지나 그 부부는 다시 합치거나, 법적인 이혼(divorce) 절차를 거친다. 남자 친구 또는 여자 친구와 헤어짐을 표현하는 말은 'break up'이다.

> My boyfriend and I broke up.
> 남자 친구와 나는 헤어졌어.

한국어는 부부가 헤어지는 것도, 남자 친구 또는 여자 친구와 헤어지는 것도 같은 동사를 쓰고 있으니, 이별의 영어표현 역시 한국어 표현과 동일시하는 빈도수가 높다.

그 잡지는 재미있어요

interesting vs. fun

초등학생 자녀를 둔 지인이 자녀의 수학 과제에 대한 고민을 말한 적이 있었다. 그때 생각을 나누며 떠올렸던 단어가 바로 '재미있는'이라는 말이었는데, 영어로 말할 때 딜레마에 빠질 수도 있겠다고 생각했다.

생활 속에서 찾을 수 있는 네모, 세모, 동그라미 모양의 사진을 가져오는 것이 과제였고, 나의 지인은 자녀의 과제를 다른 아이들보다 특별한 것으로 해보고 싶다고 말했다. 책, 삼각자, 접시 등은 흔한 사진일 것 같다며 더 좋은 생각이 있는지 내게 의견을 물어왔다. 고민 끝에 재미있는 사진이 많이 들어간 잡지를 골라 그 안에서 세 가지 도형을 찾아보는 게 어떻겠냐고 전했다. 다음 날, 잡지 속에서 여러 가지 도형들을 찾을 수 있는 사진을 오려내며 자신의 자녀가 수학 과제를 하는 동안 무척이나 재미있는 경험을 했고, 이런 과제는 학부모가 생각해도 매우 재미있다고 생각된다며 고맙다는 인사를 전해왔다.

한국어는 '재미있는'이라는 단어에 큰 구분을 하지 않지만, 지인이 전한 말을 영어로 말할 때는 두 가지 단어가 된다. 그 차이를 쉽게 설명할 수 있는 에피소드를 접하게 되어 내가 오히려 더 고마웠던 기억이 떠오른다. 학생이 수학 과제를 위해 필요한 사진을 직접 찾고 오려내는 체험을 재미있게 경험했다면 'fun', 학부모가 보기에 흥미롭고 관심이 가는 재미있는 과제라면 'interesting'!

좀 더 세부적으로 정리하자면 a party, a game, a pillow fight, a visit to a new place 등과 같은 활동은 'fun'의 대상이 될 수 있고, a book, a movie, a music, a story 등과 같은 추상적인 개념은 'interesting' 한 것으로 생각하면 쉽게 이해될 것이다.

interesting

fun

우리는 어떤 것을 경험하고 즐거움을 느낄 때 '재미있다'라고 한다. 이에 상응하는 영어표현으로 'interesting'과 'fun'이 있다. 이 두 가지 표현은 다음과 같은 의미 차이를 보인다. 영어의 'interesting'은 관심과 흥미를 느껴 재미있다는 의미를 나타내고, 사람들의 호기심을 자극하여 그 대상이 무엇인지 알고 싶어지게 한다. 반면, 영어의 'fun'은 어떤 것을 직접 체험하며 즐거움을 느낄 수 있는 것을 의미한다. 그러나 한국어의 '재미있는'은 영어의 'interesting'이나 'fun'의 의미를 모두 가진다. 아래 대화문에서 'fun'의 적절성 여부를 생각해보자. (중학교 영어 교과서 예문)

A : What do you think of this magazine?
B : I think it's fun.

위에서 언급한 것처럼 'fun'은 어떤 대상을 직접 체험하여 즐거움을 느낄 때 사용하므로 위 대화문에 어울리지 않고, 'interesting'으로 바꾸어야 한다. 만약 글자나 조각 그림 맞추기와 같은 여러 가지를 '재미있게' 직접 체험할 수 있는 것들이 포함되어 있고 그것들이 재미있을 때는 위 대화문 B처럼 'It's fun.'이라고 할 수 있다. 일반적으로 잡지에 흥미로운 이야기나 기사들이 실려 있어 재미있을 때는 당연히 "The magazine is interesting."이라고 해야 올바른 영어표현이 된다. '영화가 재미있었다'라고 하는 경우의 '재미있다'는 영어로 어떻게 표현해야 할까? 'interesting'과 'fun' 가운데서 고르라면 역시 'interesting'을 선택해야 하고, 'exciting', 'entertaining'을 사용해서도 표현할 수 있다. "The movie was fun."이라고 말하면 어색한 표현이다.

Next, we cleaned up elephant dung. My friends didn't like this job, but it was OK for me. The smell wasn't that bad. I also learned a fun fact about elephant dung. People make paper from it. Elephant dung paper! How interesting!

위의 글은 "Small Thing, Big Difference"라는 제목을 가진 중학교 영어 교과서 단원의 일부이다. 배경은 남아프리카공화국의 어느 코끼리 사육장에서 코끼리 똥으로 종이를 만들 수 있는 이야기를 하는 장면이다. 이 경우 '재미있는 사실'은 'an interesting fact'로 번역해야 한다. 교과서처럼 'a fun fact'라고 하면 코끼리 똥으로 종이를 만들 수 있다는 사실을 오락거리로 만들어 버리는 결과가 된다.

너의 남자 친구, 정말 이상해!

perfume vs. cologne

고등학교 때 영어 과목 내신성적이 줄곧 1등급이었고, 수능 외국어 영역 시험도 만점을 받았던 예쁜 내 조카! 그녀가 한국에 지점을 둔 외국인 회사에 취업한 직장 새내기였던 그 해에 미국인 동료 여직원 Sophia와 함께 백화점에 쇼핑하러 간 적이 있었다. 남자 친구의 생일 선물을 골라야 했던 나의 조카가 Sophia에게 조언을 구하기 위해 남자들은 어떤 스타일의 panty(속옷)와 무슨 향이 나는 perfume (향수)을 좋아하는지 묻자, 대답 대신 Sophia는 내 조카의 손을 다정하게 잡은 채 동정의 눈빛을 보냈다고 했다.

"Oh, my God…. Panties and perfume? Your boyfriend sounds like a per- vert(변태 성욕자). You'd better not see him anymore." 자신의 영어표현에 무엇이 잘못된 것인지 알 수 없었던 조카의 어리둥절한 표정이 지금도 생생하다. 어느 정도 영어표현이 가능한 사람이라면 여성과 남성 전용 속옷과 향수를 말할 때, 그 단어의 선택이 다르다는 것쯤은 당연히 알고 있을 거라고 판단했던 Sophia는 꽤 괜찮은 직장동료였던 것 같다.

오직 여성만이 'panties'를 입는다. 정상적인 남성의 속옷을 표현할 때는 'boxer shorts' 또는 'jockey shorts'라고 표현한다. 권투선수들의 경기복처럼 생긴 속옷은 'boxer shorts', 앞부분의 모양이 Y-shaped이고 'box shorts'보다 더 짧은 속옷은 'jockey shorts'라는 것을 기억해두자. 불필요한 오해는 여러 가지 상황들을 불편하게 하니까! 이것저것 헷갈리면 그냥 'underwear'라고 하면 된다. 또한 여성 향수는 보통 'perfume'이라고 하고, 남성 향수는 'cologne' 또는 'after-shave'라고 한다. 참고로 'fragrance'는 사람이 만들어낸 인공적인 좋은 향기를 뜻하고 'aroma'는 음식, 식물, 향신료 등과 관련된 재료로 만들어낸 좋은 향기를 나타낸다.

Are these your boxer shorts/jockey shorts, Steven?
I like the cologne/after-shave you are wearing, Jeff.
Anne, your outfit and perfume look so good on you today.

남녀 구분이 필요한 단어를 살피는 내용을 공부하려면 언급되는 이름이 남자 이름인지, 여자 이름인지 혼란스러울 수도 있다. 그래서 세대별로 선호하는 이름들을 아래와 같이 정리해보았다. 이 구분은 전적으로 필자의 개인적인 판단임을 분명히 밝힌다.

세대별 \ 성별	Male	Female
70~80대	Donald, Arthur, Bobby, Robbie, Leonard, Richard, Raymond, Frank, Charlie, Dennis	Sally, Nancy, Susie, Betty, Carol, Diana, Helen, Sandy, Joan, Clara
중년층	Jackson, Paul, Joshua, Joseph, Charles, James, David, Thomas, Matthew, William, Christopher	Victoria, Laura, Lucy, Mary, Rebecca, Flora, Alice, Grace, Catherine, Kimberly, Michelle
20~40대	Patrick, Timothy, Derek, Tyler, Todd, Scott, Gary, Kyle, Kevin, Brian, Shane, Andrew, Daniel	Tiffany, Amber, Lisa, Linda,Nicole, Norah, Sharon, Angela, Aimee, Jessica, Christina
최근 출생하는 아기이름	Ayden, Grayson, Bonnie, Jace, Ayton, Aubrey, Autumn, Owen, Alex, Lukas, Gabriel	Abigail, Samantha, Kaitlyn, Megan, Ella, Sophia, Avery, Cordelia, Lily, Zoe, Florence

2

한국어 스타일로 생각하지 말아요!

Stop Thinking In Korean

한국 사람은 등산을 너무 좋아해!

go mountain climbing vs. go hiking

대학에서 영어 회화 교양강의를 하는 영어원어민 강사에게서 전해 들은 이야기가 있다. 한국에 와서 꽤 오랫동안 한국인에게서 기묘하고 강인한 인상을 받아 쉽게 다가갈 수 없었는데, 그 이유는 바로 유치원에 다니는 어린아이부터 이웃집 할머니까지 한국 사람들은 매주 한두 번씩 가까운 산으로 등산한다는 것! 튼튼한 등산 장비를 갖추고 하는 고난도 등산을 어린아이도, 할머니도 어쩜 저렇게 가벼운 마음으로 해낼 수 있을까? 그렇다면 한국 사람들은 등산을 너무 좋아함에 틀림이 없군. (Koreans must be crazy about going mountain climbing) 기묘한 사람들이야! 가족들이 단체로 등산하며 혹시 신의 계시라도 받는 것은 아닐까! 한국 사람들이 흔히 '등산하러 간다(go hiking)'고 했을 때는 전문 등산 장비를 갖추고 높고 험한 산을 오르거나 암벽타기를 하는 것(go mountain climbing)을 의미하지는 않는다. 등산복 차림에 등산화를 신고 가벼운 등산용 가방을 메고 산길 걷기를 즐기는 것이라는 필자의 친절한 설명을 들은 후부터 그는 내게 농담을 건네기 시작했고, 그제야 친한 사이가 되었다.

go mountain climbing

go hiking

'go mountain climbing'은 한국어로 '등산하러 가다'라고 표현될 것이다. 그러나 'mountain climbing'은 아래 사진이 보여주듯이 많은 등산 장비를 갖추고 손과 발로 높은 산을 오르는 스포츠 활동을 의미한다.

➡ go mountain climbing

그러면 'trekking'과 'hiking'은 어떤 차이가 있을까? 'trekking'은 정해진 길(trails)을 가지 않고, 'hiking'하는 것보다 훨씬 더 먼 길을 걷는다. 'hiking'은 정해진 길(charted paths)을 걷고, 그 거리도 비교적 가까운 편이다. 우리나라의 올레길에서 걷는 경우는 'hiking'이다. 하지만 일반적으로 사람들이 지리산 종주를 했다고 할 때는 'trekking'이다. 외국의 경우 네팔의 'the Himalayan foothills'나 남미의 'The Andes' 산길이 'trekking'으로 인기 있는 곳이다. 요약하자면, 한국 사람들이 흔히 말하는 '등산하러 가다'라는 것을 영어로 표현하면 'going hiking'이되어야 한다. 앞서 언급한 외국인 강사의 황당한 상황과 아래 대화를 비교해보면 이해가 훨씬 더쉬울 것이다. (중학교 영어 교과서 예문)

> T: What are you going to do this weekend?
> S: I'm going mountain climbing with my grandmother.

이런 경우 위에서 설명한 바와 같이 영어권 화자들은 하이킹을 즐긴다(enjoy hiking)고 한다. 학생의 대답 'going mountain climbing'은 'going hiking'으로 수정해야 한다

---

* go mountain climbing ➡ 많은 등산 장비를 갖추고 하는 고난도 등산

* go trekking ➡ 비교적 먼 산악길을 며칠 동안 지속해서 걷는 경우

* go hiking ➡ 자연경관이 좋은 올레길처럼 정해진 길 따라 가볍게 걷는 경우

'a cooker'는 요리사가 아닙니다!

a cooker vs. a cook

a cooker   a cook

요리사를 영어로 'a cooker(조리도구)'라고 생각하기 쉽다. 요리사는 영어로 단순히 'a cook'이고, 주방장일 경우 'a chef', 'the head cook'으로 표현할 수 있다. '그는 요리를 잘한다.'라는 영어표현은 'He is a good cook.', 'He cooks well.'이라고 말하면 될 것이다. 한국의 중학교 1학년 영어시험에서 단어의 뜻이 바르게 연결되지 않은 것을 찾는 문항 중 빠지지 않고 등장하는 'a cooker' 덕분에 익숙한 단어일 것이다. 요즘은 단문 독해와 장문 독해 능력 테스트가 위주인 한국 영어 수능시험의 영향으로 중학교 영어시험 문제에 단어 뜻 찾기 같은 단순한 문제는 점점 사라지고 있다. 한국의 영어교육이 in-put(읽기, 듣기)만을 강조하다 보니, out-put(쓰기, 말하기)에 해당하는 부분의 언어능력은 고등학교 내신 등급 수와 절대 비례하지 않는다. 요리사의 등장과 함께 한국의 영어교육까지 언급해버렸다.

영어권 화자들이 한국어를 배울 때 그들 역시도 이 책에서 경험하는 오류들을 반드시 범하게 될 것이다. 제 2언어를 습득할 때 겪는 현상들은 서로 상호적이므로, 영어표현에 가끔 실수하더라도 자신감을 가지고 정~~진~~!!

조리 기구를 나타내는 'a cooker'를 요리사로 잘못 사용하기 쉬운 이유는 '어떤 행위자 역할(an agentive role)을 나타낼 때 접미사 '-er'를 붙인다'라는 영어 단어형성의 규칙 때문일 것이다. 그러나 teach+er, design+er, sing+er, drive+er, play+er 등 '-er'를 동사에 붙여 그 동사가 나타내는 행위를 하는 사람이라는 명사를 만드는 영어 단어형성의 규칙은 그렇게 간단하지는 않다. 외국어로서 영어를 배우는 사람들에게 이런 변덕스러움은 거의 절망에 가깝다. '-er'를 동사에 붙여 행위자를 나타내는 규칙 이외의 5가지 대표적인 규칙들을 정리한 내용은 다음과 같다.

❶ '-or'를 붙인 행위자
＊ act +or, govern+or, vend+or, save+or, confess+or
➡ 라틴어가 어원인 동사 (동사 자체만으로 라틴어에서 온 단어인지 아닌지 판단할 수 없으므로 외국어로서 영어를 배우는 사람들에게는 거의 도움이 되지 않음)

＊ abdicator, dictator, captivator, educator, annihilator, navigator
➡ 어간의 동사들이 전부 'ate'로 끝나며 라틴어 계열의 동사들이다. 만약 동사의 어원이 라틴어라는 것을 안다면 행위자를 나타내는 명사를 만들 때 '-er' 대신 '-or'를 붙여도 잘못될 가능성은 거의 없음

❷ '-er', '-or' 둘 중 하나를 자유롭게 취하는 행위자
➡ advise+er/or, compute+er/or, convert+er/or, propel+er/or

❸ '-ar'를 붙인 행위자
➡ 'beg', 'lie': 'beggar', 'liar'와 같이 '-er'도 '-or'도 아닌 '-ar'

❹ 어떤 접미사도 취하지 않고 동사 그 자체로 행위자
➡ 'cook', 'judge', 'bore' (재미없게 하는 사람: "I had to sit next to Michael at dinner. He's such a bore.")

❺ '-ist', '-ian', '-ant'를 붙인 행위자
➡ 'pianist', 'musician', 'participant'

교장 선생님 앞에 불려갔어요!

before vs. in front of

고등학교 재직 시절에 교장 선생님 앞에 불려간 적이 있었다. 그다지 떠올리기 싫었던 그 일이 이 책에 소개될 줄은 꿈에도 몰랐다. 종례 시간 전 교실 청소 지도를 하던 어느 날, 며칠 동안 비워지지 않은 쓰레기통을 보고 담임선생들이 늘 하는 잔소리를 했었다. "교실이 이게 뭐니? 쓰레기통 비우는 당번 누구야? 벌점 줘야겠네. 쓰레기가 넘치니 교실이 전부 쓰레기장이구나!" 딱히 다정한 말투는 아니었지만 그렇다고 분노에 찬 목소리도 아니었건만, 질풍노도 시기의 유효기간이 많이 남았던 그 소녀는 무언가 억울함이 있었던 모양이다. 자신에게 계단 청소를 맡기고 며칠 동안 구역을 바꾸자고 했던 다른 친구가 약속을 어겼기 때문에 벌점을 받게 되었고, 안타깝게도 그 내용을 나는 전혀 알지 못했다. 집으로 돌아가 엄마에게 전하길 "엄마, 담임선생님이 나보고 쓰레기래. 엉엉~!!" 이런 황당한 사건을 보았나! 어느 부모가 화나지 않을까?

다음날, 교장 선생님께 직접 전화한 학생의 어머님. 나는 교장 선생님 앞에 불려갔고, 앞뒤 상황을 들으신 뒤 오히려 나를 위로해주셨던 기억이 난다. 물론 그 어머님의 사과 전화와 학생의 사과 메시지 또한 받았지만, 몇 년이 지나도록 쓰레기통만 보면 무서워지는 트라우마가 생겼다.

이렇게 나의 흑역사를 글로 쓰는 이유는?

before와 in front of의 차이를 설명하기 위하여 ➡ 슬프다!! 엉엉~!!

일반적으로 'in front of~'는 공간적으로 앞에 존재하는 것을 나타내고, 'before'는 일련의 순서에서 앞에 존재하는 것을 의미한다. 성형외과나 인테리어 잡지의 'before vs. after'는 좋은 예가 된다.

* 'in front of'를 쓰는 표현
It was raining as we parked in front of the hotel.
 (호텔 앞에 주차할 때 비가 오고 있었다.)
Billy crouched in front of the fire to warm his hands.
 (Billy는 손을 따뜻하게 하려고 불 앞에 쪼그리고 앉아 있었다.)
There was a small garden in front of the house.
(그 집 앞에 조그만 정원이 있었다.)

* 'before'를 쓰는 표현
 I was taken before the headmaster.
(나는 교장 선생님 앞에 불려갔다.)
The files are in alphabetical order, so B1 comes before C1.
(그 서류철은 알파벳 순서로 되어 있다. 그래서 B1은 C1 앞에 온다.)
Your name comes before his on the list.
(그 명단에 당신 이름은 그의 이름 앞에 있습니다.)
He proposed to her before a lot of folks.
(그는 많은 사람 앞에서 그녀에게 청혼했다.)

---

* in front of ➡ 단순히 공간적인 위치 '앞'을 나타냄. 'before'와 달리
　　　　　　　 뒤에 오는 사건과 전혀 상호작용이 없다.

* before ➡ 특정 순서가 전제된 상황에서 그 순서상 어떤 것의 앞을 나타냄.
　　　　　　"교장 선생님 앞에 불려갔다.": 이 경우 'before'만이 가능하고
　　　　　　그 사건에 교장 선생님과 대화를 하며 어떤 상호작용이 발생한다.

냄새에도 있는 맛

tastes very delicious vs. is delicious

요즘 'Language Exchange'를 목적으로 온라인 등록 후 지정된 카페에서 서로 다른 언어를 모국어로 가진 사람들끼리 만나 소그룹으로 대화하는 Meet** 모임이 유행이다. 카페에서 마실 음료수나 커피값 정도만 들여 한국인은 영어, 스페인어, 독일어, 중국어, 일본어, etc. 배우기를 원하는 언어 구사 가능한 외국인과 대화하고, 해당 외국인은 한국어로 대화는 물론 상대의 발음도 교정해주고, 이론적으로 쉽게 접할 수 없는 관용표현까지 가르쳐주며 서로에게 좋은 영향을 준다. 특별한 주제는 없고 그 모임이 있는 날의 날씨, 사건, 정보에서부터 개인의 취향에 맞는 음악, 영화, 문학 이야기까지 토픽은 자유롭다.

개인적인 일정으로 그 카페에 방문했던 날, 옆 테이블에 있던 사람들의 대화를 우연히 듣게 되었다. 미국인 대학생(남)과 한국인 직장인(여)의 대화 중에 내 마음에 쏙 드는 유익한 정보가 있었다. 따뜻한 커피와 달콤한 조각 케이크를 주문한 한국인이 "Sweet cake always tastes very delicious."라고 말하자, "Sweet cake is delicious."라고 수정해 주는 친절한 미국인 남학생! 어찌나 똑 부러지게 설명하던지, 나는 갑자기 옆 테이블에서 훔쳐 듣는 서당 개가 되어 맛과 냄새에 관한 공부를 하느라 3년이 지난 것 같았다.

'delicious'는 동사 'taste'와 함께 사용되는 것은 어색하다. 'taste' 뒤에는 'sweet, bitter, sour, salty' 등과 같은 맛을 나타내는 형용사가 와야 하고, 'delicious'는 'beautiful'처럼 그 자체로 최상급의 의미가 있으니까 'very'의 수식을 받을 수 없다는 그의 설명은 다음 페이지의 정리와 일맥상통했다. 한국인 여자분께서도 그의 설명이 나만큼 반가웠던지 "A~ha, A~ha, I see."라고 연신 말하며, 달콤한 케이크를 아주 맛있게 먹었다. 부연 설명과 함께 냄새를 표현하는 동사 'smell'의 깊은 뜻을 다음 페이지에서 더 살펴보자.

"금방 끓여낸 커피는 좋은 냄새가 난다. 달콤한 케이크는 매우 맛있다."

Freshly made coffee always smells good.
Sweet cake is delicious.

위 두 번째 문장을 첫 문장처럼 '맛이 나다'라는 동사 'taste'를 사용하여 "Sweet cake always tastes delicious."라고 할 수 있을까? 실제로 중학교 영어 교과서에 "Your cake tastes very delicious."라는 표현이 있다. 사실, 동사 'taste'와 'delicious'는 의미 영역이 다른 표현이다. 맛의 종류는 단, 짠, 신, 쓴맛 등이 있으므로 'tastes sweet/salty/sour/hot, etc'와 같이 표현해야 의미상으로 유형이 맞게 된다. 그러나 형용사 'delicious'는 '맛이 좋은'이라는 의미로 비유적으로 사용되지 않는 이상 'delicious'는 음식만을 수식할 수 있다. 만약 교과서 표현처럼 'tastes very delicious'라고 하면 이 표현은 '맛이 매우 좋은 맛이 난다'라는 의미가 되어 우리말로 옮겨도 어색하다. "Your cake is delicious."로 바꾸어야 한다. 'delicious'는 'beautiful'처럼 그 자체로 최상급의 의미가 있다고 영어원어민은 생각한다. 그러므로 강조 부사 'very'의 수식을 받는 것은 매우 어색한 표현이다. 인간의 감각 중 후각을 나타내는 'smell'은 아래 예문처럼 냄새의 '좋고, 나쁜' 의미뿐만 아니라, 구체적인 맛의 종류를 표현할 수 있다.

The freshly baked bread smells good/delicious.
(갓 구워낸 빵은 냄새가 좋습니다/맛있는 냄새가 납니다.)
The cake smells very sweet.
(그 케이크는 달콤한 냄새가 납니다.)

만약 어떤 후각 느낌의 표현이 독립된 단어로 존재하지 않으면 다음과 같이 'smell+like ~'로 표현하면 된다.

The main reason why sweat smells like vinegar should not be ignored.
(땀이 식초와 같은 냄새가 나는 주된 이유를 결코 간과해서는 안 된다.)

영어에서 후각을 표현하는 방식은 미각을 표현하는 것보다 훨씬 더 폭이 넓다. 한국어 표현에도 '맛있는 냄새가 부엌에서 진동한다'라고 표현할 수 있는 것을 보면 후각을 나타내는 표현이 더 자유롭다는 것을 알 수 있다.

이 문제의 답은 무엇일까?

a solution vs. an answer

미국 목사이자 작가인 Norman Vincent Peale(1898~1993)의 책 *The Power of Positive Thinking* (1952)에 나오는 두 문장을 인용하여 이번 solution을 찾아보자.

> "Every problem has in it the seeds of its own solution.
> If you don't have any problems, you don't get any seeds."
> 모든 문제는 그 자체로 해결의 실마리가 있다. 당신이 아무런 문제가
> 없다면 어떤 발전의 기회(seeds)도 가질 수 없다.

"그 시험 문제의 답은 무엇입니까?"를 영어로 옮기면 "What is the answer to the test question?"이 될 것이다. 한국어로 'a solution'과 'an answer'의 해석은 '답'에 해당한다. 물론 'a solution'은 '해결책'이라는 표현으로 번역하는 것이 'an answer'의 번역과 더 명확한 구별이 된다. 'a problem'은 'a solution'을, 'a question'은 'an answer'를 짝으로 두어야 바른 표현이 된다. 일반적으로 'problems and solutions', 'questions and answers'라고 한다. 세부적인 설명은 다음 페이지에서 확인하시길!

problems and solutions

questions and answers

'problems and solutions'와 'questions and answers'라는 두 가지 병렬구조 표현에서 앞뒤 순서를 바꾸면 어긋난 표현이 된다.(Chapter3. p.59 참고) 'solutions and problems'나 'answers and questions'라는 표현은 KBS 9시 뉴스의 section 이름인 '이슈&뉴스'를 '뉴스&이슈'라는 순서의 병렬구조로 표현해야 하는 이유와 같은 맥락에서 어긋난 표현이다. 문제가 발생한 후 해결책을 생각하는 것이 일반적인 인지 과정이다. 이런 시간적 순서 매김을 반영하는 방식으로 병렬구조의 표현들은 일반적으로 그 구성 요소의 순서가 정해진다.

이런 표현의 조합 이외에도 그 표현의 쓰임에서 유의할 점을 간략하게 정리해보았다.

❶ 어떤 문제에 대한 해결 ➡ 'a solution ＿＿ the problem' 빈칸에 어떤 전치사가 가장 적합할까? '대하여'의 해석이 있다고 해서 전치사 'about'을 쓰는 실수를 하지 않도록 주의하고 전치사 'to', 'for' 둘 다 가능하다는 것을 기억해두자.

❷ '어떤 문제의 해결책을 제시하다'라고 할 때 'provide/come up with a solution to/for the problem'이라고 표현한다. 그리고 '문제의 해결책을 찾거나 해결책을 어떤 문제에 적용하여 풀다'라는 의미는 'find/apply a solution to/for the problem'이라고 한다.

❸ 어떤 (시험) 문제에 대한 답 ➡ 'an answer ＿＿ the question' 빈칸에 어떤 전치사가 가장 적합할까? '대하여'의 해석이 있다고 해서 전치사 'about'을 쓰는 실수하지 않도록 주의하고 전치사 'to'만 가능하다는 것을 기억해두자.

❹ '해당하는 시험 문제의 답을 제시하시오.'라고 할 때는 'provide/come up with an answer to the question'이라고 하는 것이 한국어 표현에 대한 정확한 영어 표현이다. ('for'를 쓰는 경우: 표준 영어 표현이라고 할 수 없고, 영어원어민 화자들의 언어 습관에 부합하지 않음) 해답을 목적어로 취하는 동사 표현은 'provide', 'come up with' 이외에도 'give', 'offer', 'have', 'know', 'get', 'receive' 등이 있다. '시험 문제에 답을 한다'라는 표현은 'give/offer/provide/come up with an answer to the question'이다.

만나서 반가워!

Glad to meet you. vs. Glad to see you.

Hi! Let me introduce myself. (중학교 영어 교과서 예문)
My name is Betty White.
I like sports.
I'm glad to see you.

이 대화에서 마지막 문장의 'see'는 잘못된 표현이다. 처음 만나 자신을 소개할 때 쓰는 말로 '만나게 되어 기쁘다'라는 표현은 'I'm glad to meet you.'이다. 참고로 'Nice to meet you.' 이 표현은 처음 만나서 통성명을 한 후에 말해야 자연스럽다. 한국어 '만나다'는 처음 대면하는 것만으로도 만나는 사건이 될 수 있지만, 영어의 'meet'는 적어도 서로 통성명이라도 하는 단계를 포함했을 때 비로소 'meet'이라는 사건이 발생했다고 할 수 있다.

'see'는 이미 만나서 아는 사람들 사이의 만남을 의미한다. 그리고 아는 사람 사이의 만남일 경우 'see'는 만나서 무엇을 하면서 시간을 보낸다는 점에 초점을 맞추지만, 'meet'는 만나는 '장소' 혹은 '시점'을 부각하는 표현이다.

소년처럼 진솔한 마음으로, 꽃처럼 순수한 감성을 고결한 인품으로 쓴 피천득의 〈인연〉이라는 수필에 나오는 '만남'은 아사코를 만난 장소와 시대적 배경을 중심으로 묘사되므로 'meet'으로 번역하면 더 자연스러울 것이다.

> 그리워하는데도 한 번 만나고는 못 만나게 되기도 하고,
> 일생을 못 잊으면서도 아니 만나고 살기도 한다.
> 나와 아사코는 세 번 만났다.
> 세 번째는 아니 만났어야 좋았을 것이다.
> (피천득 〈인연〉: 1996, p. 152)

아래 대화문의 'meet'는 바른 표현일까? (중학교 영어 교과서 예문)

> Mr. Jang is my neighbor. I meet him every morning.
> He says "Good morning". He cleans the street every day.
> Is he a street cleaner? No, he isn't. He works at a bookstore!

'meet'는 대체로 사람을 나타내는 표현을 목적어로 취하여 처음으로 만나는 것을 나타낸다. 위 예문의 문맥으로 보면 만나는 사람이 그의 이웃집 아저씨이고, 매일 아침 만난다. 이 경우, 동사 'meet' 대신 'see'를 사용하여 '매일 보다'라는 의미로 쓰여야 자연스러운 표현이다. '만나다'라는 의미의 여러 가지 동사를 예문과 함께 살펴보자.

I met with some difficulties when I entered the jungle.
(나는 정글에 들어갔을 때 어려움에 봉착했다.)
➡ meet with: '어떤 것' 특히 어려움 또는 난관 따위를 '우연히 만나다.'
He encountered a lot of financial problems.
(그는 많은 재정적인 어려움에 부닥쳐 있다.)
➡ 무언가 좋지 않은 것(problem, trouble, difficulty, opposition)과 '마주치다'라는 의미
Let's meet tomorrow at 10:00 at the coffee shop.
(내일 커피숍에서 10시에 만납시다.)
You need to see your doctor right away.
(너는 의사를 지금 당장 만나볼 필요가 있어.)
It's nice to see you again!
(다시 만나서 반가워!)
I ran across my old college roommate in town today.
(나는 오늘 시내에서 예전 대학교 기숙사 룸메이트와 우연히 만났다.)
He will get together with some friends to plan a party for her.
(그는 그녀를 위한 파티를 친구들과 함께 계획할 것이다.)
➡ 특정 목적을 위해 사전에 모이기로 한 모임에 서로 만나는 경우

행복과 기쁨 사이

happy vs. glad

찰스 먼로 슐츠의 간결한 인생 명언이 많은 이 만화 시리즈는 원작으로 읽어 보면 영어 공부할 때 많은 도움이 된다. 월트 디즈니 사의 제작 거부로 비록 작은 신문사에 연재되었어도 50년이라는 긴 세월동안 수많은 사람들로부터 사랑 받은 만화이다.

한국에서는 대부분 'Snoopy'를 제목으로 알고 있지만, 원제는 *Peanuts*(속뜻: 시시하고 하찮은 것들, 특별할 것 없는 신세). 1950년에 시작하여 2000년 그의 사망 직전까지 50년 동안 세상 살아가는 이야기들을 풍자하는 내용으로 우유부단하고 열등감 많은 주인공 찰리 브라운과 그 친구들을 통해 찰스 슐츠는 일기를 쓰듯 묵묵히 그의 인생을 표현했다. 시간이 허락한다면 1년 치 정도는 정독해보길 추천한다.

위 Cartoon Strip의 'glad'와 'happy'를 읽었을 때, 한국인들이 딜레마에 빠질 수 있는 단어임을 느끼고, 찰스 슐츠의 작품 속 이야기들로 글을 쓸 생각에 만화 속 Snoopy처럼 기분이 좋아졌다. 중학교 교과서 예문과 함께 머리에 쏙쏙 들어올 만한 단어의 개념 정리를 쉽고 상세하게 다음 페이지에 펼쳐두었다. 모두 기쁘고 행복하게 공부하시길….

'기쁘다'라는 우리말에 해당하는 영어표현 중 가장 기본적인 단어는 'happy'와 'glad'이다. 우리는 단순히 이 두 가지 영어표현이 한국어의 '기쁘다'를 의미한다고만 배웠지만, 영어에서는 매우 다른 '기쁜' 심리상태를 나타낸다. 어떻게 서로 다른 '기쁜 심리상태'를 나타내는지 Peanuts 만화를 통해서 살펴보자. 마지막 Snoopy의 말풍선에 "I am glad that he's happy."라고 되어 있다. Snoopy와 Charlie가 서로 어떻게 다른 기쁜 심리상태에 있을까? Charlie가 뒤뜰에 텐트를 치고 자도 된다는 엄마의 허락을 받았다고 이야기하자, Snoopy가 "앗싸!"(That's great..) 라고 하면서, Charlie의 침대에서 혼자 편하게 밤을 보낼 수 있는 절호의 기회를 얻었다고 생각하고 침대에 누워 "바보같이 뒷마당 불편한 텐트에서 자면서 기뻐하다니 다행이야. 나는 이렇게 편하고 안락하게 혼자서 침대를 사용할 수 있으니." ("I'm glad the poor fool (Charlie) is happy being uncomfortable. What an idiot!") 여기서 Charlie는 엄마의 허락으로 인해 매우 기쁜 상태이며, 이 기쁜 심리상태가 일시적인 것이 아니라 안정적이고 지속될 수 있는 심리상태에 있다. 따라서 이런 기쁜 심리상태는 'happy'로 나타내어야 한다. 반면 Snoopy의 심리상태는 Charlie가 불편한 바깥 텐트에 자는 것을 바보처럼 기뻐해서 (자신이 혼자서 침대를 사용할 수 있는 것에 대하여) 그 상황이 다행(glad)이라고 일시적으로 느끼고 있다. 이 일시적 기분은 그런 상황이 존재하는 시점에만 적용된다. 이처럼 특정 상황에 의해서 야기되는 일시적으로 기분이 좋은 상태를 'glad'로 표현한다.

아래 예문의 빈칸에는 'happy'보다 'glad'가 적합하다.

> "I am _____ that you had a great time at the party."
> "I am so _____ that the weather's getting better for your outdoor party."
> "I am _____ you like it."
> "I am _____ to meet you."
> "I am _____ it's almost over."

다음의 예문에는 모두 'happy'를 사용하여야 한다.

"I aced in the exam. I am so _____ !"
"He is so _____ that he won a lottery."
"She was really _____ that her son has recovered from his illness."
"They were all _____ to get autographs from the celebrities."

위의 예에서 'glad'는 특정 사건 발생에 대하여 일시적으로 느끼는 좋은 기분을 표현하지만 'happy'는 특정 상황에 의해서 기쁜 느낌이 발생하여 그 특정 상황 이후 시점에도 상당 기간 그 기쁜 느낌이 지속될 수 있는 심리상태를 기술한다고 할 수 있다.

이러한 구분에 근거하여 Hana의 두 번째 대화 "I am really happy."가 어색한 이유를 쉽게 알 수 있다. (중학교 영어 교과서 예문)

> Hana: Are you in this class?
> Ted : Yes, we are in the same class.
> Hana: Great! I'm really happy.
> Ted : Me, too.

위 대화가 일반적으로 새 학기에 반이 배정되고 처음 만난 반 친구 사이에 나누는 대화라고 가정한다면 'happy' 대신 'glad'를 사용했어야 할 것이다. 반면 Hana와 Ted가 평소에 서로 잘 알고 지냈고, 중학교 진학할 때 같은 학교, 같은 반이 되었으면 하는 마음이 매우 간절했다는 가정을 한다면 위의 대화에서처럼 'happy'를 사용하는 것이 자연스럽겠지만, 불행하게도 영어 교과서의 배경은 Hana와 Ted가 중학교에서 처음 만난 반 친구로 설정되어 있다. 그래서 'happy'를 'glad'로 교체하는 것이 더 자연스러운 영어 대화로 구성될 수 있다.

'glad'는 반드시 기분 좋은 상태를 유발하는 상황이 명시적으로 언급되어야 한다. 이런 명시적인 언급은 주로 "I am glad to meet you."에서처럼 'to-부정사 구문'이나, "He was so glad that you liked his class a lot."과 같이 'that-절'에 의해서 표현된다. 이렇게 명시적으로 표현되지 않으면 맥락에 의해서 그 유발 요인이라도 명확해야 한다. 하지만 'happy'는 그렇지 않아도 무방하다. 'happy'는 'glad'에 비해 즐거운 기분이 더 강하고 감정이입이 더 많이 된 상태를 나타낸다.

> A: How are you?
> B: I am happy./ *I am glad.

위의 대화에서 "I am glad."라고 대답할 수는 없다. "오늘 나는 기쁘다, 혹은 기분이 좋다"라는 것을 영어로 표현하면 "I am happy today."라는 표현을 하고 "I am glad today."라고는 하지 않는다. 'glad'는 반드시 즐거움을 주는 원인제공 상황이 언급되어야 하므로 단순히 기분이 어떠냐고 묻는 말의 답으로 적합하지 않다. 'happy'와 'glad'를 그냥 우리말 '기쁘다'에 해당한다고 이해하기 쉽지만, 사실은 서로 매우 다른 기쁨의 심리상태를 나타낸다. 기쁨에도 여러 종류가 있다는 것을 알아두어야 한다.

밤낮없이 당신만 생각해요!

night and day vs. day and night

아래 Cartoon Strip에서 Snoopy가 'day and night'라 하지 않고 왜 'night and day'라고 했을까?

Snoopy는 사랑하는 사람에게 편지를 쓰고 있다. 내용은 "나는 밤낮없이 당신만을 생각해요!", "당신은 이 세상 그 무엇보다 내게는 더 소중해요."라는 달콤한 사랑의 고백이다. 만약 여기에서 'night and day' 대신 숙어로 굳어진 표현인 'day and night'를 사용하여 "Dear Sweetheart, I think of you day and night."라고 했다면 어떻게 될까? Snoopy가 달콤하게 꿈꾸는 로맨틱한 분위기는 완전히 엉망이 될 것이다. 한국어 역시 이러한 표현으로 의미 차이를 보여주는 경우가 종종 있다. 이러한 의미적 차이를 고려한 표현에 능숙해지면 의사전달이 좀 더 명확해진다.

언어 연구가 수학, 과학처럼 명확한 증거와 자료를 바탕으로 입증된 실험 결과가 나오는 분야는 아니더라도 언어마다 공통점, 규칙 등 그 패턴은 일반적인 생각보다는 과학적이다.

"Dear Sweetheart, I think of you day and night." 이 표현은 일차적으로 'unceasingly, continually, all the time'의 의미가 강하게 전달된다. 즉 '당신을 계속해서 끊임없이 늘 생각한다'라는 의미가 포함되어 결과적으로 "I am obsessed with you."처럼 "나는 당신에게 집착하고 있다"라는 의미를 갖게 된다. Snoopy의 사랑 고백은 결국 스토커의 협박이 될 수 있다. 반면, 숙어적인 순서를 뒤집은 표현 'night and day'는 밤이라는 시간대를 먼저 인식의 대상으로 여기는 표현으로 '나는 당신을 어젯밤에도 생각했고, 오늘 낮에도 계속해서 생각합니다. 너무 보고 싶어요'라는 로맨틱한 사랑의 표현이 된다. 한국어 역시 병렬구조 표현의 구성 순서를 결정하는 큰 원칙은 논리적 혹은 시간적 발생순서를 따르는 것이다. 특정 시간대(day or night)를 우선적인 인식대상의 배경으로 여김으로써 그 순서가 정해지는 아래 표현을 살펴보자.

The nurse was at her patient's bedside day and night.
➡ 환자를 돌보는 시간의 기점을 낮으로 잡고 돌보는 시간이 밤까지 이어져 24시간 늘 돌본다는 의미이다. 만약 밤 시간대에도 돌본다는 것을 부각해 강조하고 싶으면 'night and day'를 사용해야 한다.

The building is guarded night and day.
➡ 건물의 경비를 서는(be guarded) 시작 시간대를 밤으로 보고 그 행위가 낮 시간대까지 이어져 24시간 늘 그 건물은 경비 상태임을 나타낸다. 이 건물이 은행처럼 낮 동안에 경비를 엄격하게 서고, 밤에도 추가로 경비 업무를 더 한다면 'day and night'로 표현하면 더 자연스럽다.

"낮밤 가리지 않는 음주운전 단속", "낮밤이 없는 도시! 화려한 광고판에 둘러싸인 뉴욕의 타임스퀘어", "낮밤이 바뀐 아이는", "낮밤 없는 도심 성매매", "산란 수 늘리느라 낮밤도 없이 닭장에 불을 켜놓고"
➡ 위의 '낮밤'의 쓰임을 보면 '낮' 시간대가 먼저 인식의 대상이 되는 경우이다. 음주운전 단속은 주로 야간에 시작되지만, 주간에도 이루어짐을 강조한다. 화려한 네온사인의 불빛은 밤의 광경이지만, 뉴욕 도심은 낮에도 다른 도시와 대비가 되도록 네온사인이 화려하게 켜져 있는 것을 강조하기 위해서 '낮밤'이라고 표현!

오늘날 거의 모든 가정에 TV가 있습니다

nearly vs. almost

Today, there is a TV set in nearly every home.
(요즘은 거의 모든 가정에 TV가 있다.)

'거의'를 뜻하는 두 가지 표현 'nearly'와 'almost'는 어떻게 다른지 궁금해 본 적이 다들 있을 것이다. 한국어에서 이 두 가지 표현은 '거의'라는 하나의 표현으로 합쳐져 있지만, 영어표현은 그 쓰임이 각기 다르다. 'nearly'의 수식을 받는 표현은 어떤 진전(progress)의 끝이나 목표를 나타내고, 그 목표는 예상 밖의 놀라운 것이 되어야 한다. 반면, 'almost'는 수식을 받는 표현이 나타내는 것에 근접한 양을 단순히 나타낸다. 따라서 'nearly'보다 'almost'가 그 사용 범위가 더 넓다. 오늘날 TV가 모든 가정에 다 있다는 것이 놀라운 것은 아닐 것이다. 위에 나온 중학교 영어 교과서 예문의 표현은 단순히 근접성만을 나타내는 'in almost every home'으로 바꾸어야 적절한 표현이 될 수 있다.

 It's nearly 12:00 p.m.

 It's almost 12:00 p.m.

'nearly every home'과 'almost every home'의 차이는 무엇일까? 'nearly'가 수식할 때보다 'almost'가 수식하는 경우에 TV를 보유한 가정이 더 많음을 나타낸다. 'It is almost/nearly lunchtime.'이라는 표현에서 'almost'로 수식할 때가 'nearly'를 사용할 때보다 점심시간에 더 가까움을 나타낸다. 점심시간이 정오부터라고 가정하면 'nearly lunchtime'은 11:45분 정도를, 'almost lunchtime'은 11:55분 정도를 나타낸다. 예문과 함께 이 두 가지 표현의 쓰임을 다음과 같이 요약하였다.

❶ Nearly: 이런 근접성의 차이 이외에도 '기대와 달리 놀랍게도'라는 의미를 추가적으로 전달한다. 이러한 의미적 특성을 바탕으로 'nearly lunchtime'이라는 표현은 점심시간까지 무엇을 하기로 가정하고 진행 중인데 예상한 시간보다 더 근접해서 놀라움을 나타낸다고 할 수 있다. 또한 시간, 공간, 양의 측정이 가능한 사물의 진전, 향상(progress)이 있음을 전제하고, 숫자와도 자주 사용되며 부정적인 단어 (never, nobody, nothing) 앞에서는 사용하지 않는다.
I had an operation, but now I've nearly recovered.
(수술을 받았는데 지금은 거의 회복됐어.)
The two students are on nearly the same academic level.
(두 학생의 학력 수준은 거의 비슷하다.)
Bieber's @justinbieber account has nearly 9.7 million followers.
(비버의 @justinbieber에는 약 970만 명에 가까운 팔로어가 있다.)

❷ Almost: 'almost lunchtime'은 단지 점심시간이 거의 다 되었음을 나타낸다.
감정이 포함되지 않은 객관적인 사실만을 말할 때, '~ly'로 끝나는 부사 어구를 수식할 때 주로 쓰인다. (almost certainly, almost entirely)
My dog understands everything. He is almost human.
(나의 개는 모든 것을 이해해요. 거의 사람입니다.)
➡ 'human'이라는 자질은 이분법적이므로 진전(progress)을 논할 수 없음.
 I had almost no money in my pocket. (주머니에 돈이 거의 없었어요.)

❸ Nearly & Almost: 측정, 계산의 의미가 있을 때 모두 사용할 수 있다.
She is nearly/almost 6 feet tall. (그녀는 거의 6피트에 가깝다.)
I nearly/almost fell off my bike. (거의 자전거에서 떨어질 뻔했다.)

대략 6시쯤 저녁 먹어요

about vs. around

시간관념이 철저한 사람들과의 인간관계에서 약속 시각에 늦어 때로는 서로의 감정을 상하게 되는 경우가 가끔 있다. 음악을 듣고, 음식을 먹고, 옷을 입는 취향이 저마다 다르듯이 시간에 관한 관점도 모두 다를 것이다. 누군가는 약속 시각보다 늦게 나온 상대방에게 관대할 수 있으나, 단 1분이 늦어도 화를 이기지 못하는 누군가도 있다. '다름' 속에서 상대를 이해하고 배려하면서 '역지사지'의 교훈을 잘 새겨 보자.

양이나 수를 어림잡아 표현할 때 자주 사용하는 표현 중에 '~쯤', '~경'이라는 명사 접미사가 있다. 이러한 접미사를 극도로 싫어한다면 시간관념이 철저한 누군가에 해당할 것이다.

아래 문장에서 'about six'는 올바로 사용되었을까? (중학교 영어 교과서 예문)

I come home at four and I have dinner about six.

보통 몇 시쯤이라고 할 때 전치사 'around'를 사용한다. 위의 'about six'는 'around six'로 바꾸어 6시쯤 저녁 식사를 한다고 표현해야 한다. 시간을 나타낼 때 쓰는 '대략, ~쯤, ~정도' 등과 같은 표현을 정리한 요약을 살펴보자.

❶ around 6 : 6시 부근, 6시에 인접한 변두리에 있는 시간의 위치,
5시 55분 또는 6시 5분 (전치사 around: 원을 그리듯 둘러싼 주변부를 뜻함)

❷ about 6: 임박해가는 6시, 시간이 조금씩 지나며 6시가 임박해가는 과정의 시간 흐름, 5시 55
분, 56분, 57분, 58분, 59분. (6시가 지난 6시 5분을 의미하지는 않음)

❸ approximately: 대략의 시간과 속도 (해당 시간을 기준으로 앞뒤 10분 정도 (오후5:50~6:10)
의 시간대를 의미, 'around'보다 훨씬 더 격식적인 표현)
At approximately 7:00 p.m, bells at the train station rang and red lights flashed,
signaling an express train's approach at approximately 55 mph.
(오후 7시경 기차역의 종이 울리고 적색등이 번쩍이며 약 55마일의 속도로 급행열차의 접근을 알
려주고 있었다.)

❹ by 7: 7시 바로 옆에 있는 시간의 위치, 6시 59분까지 뜻함.
(해당 시간 전이라는 의미가 있는 대략의 시간: 7시경, 7시 무렵, 7시쯤)
By the time we turned on the TV, the movie had (already) started.
(우리가 TV를 틀기 전에 영화는 (벌써) 시작되었다.)
I'm going to be at office by 7 tomorrow morning.
(나는 내일 아침 7시 전까지는 사무실에 와 있을 거야.)

❺ before: 해당 시간 전이면 어떤 시각이든 상관없음.
I'll be back at home before 7 this afternoon.
(단순히 오후 7시 전 시간이면 어떤 시각이든 집에 돌아와 있을 거라는 주장)
I'll be back at home by 7 this afternoon.
(7시보다 늦지 않게, 6시 50분 정도를 의미함)

3

로마에 가면 로마의 법을 따르라

When in Rome,
Do as the Romans Do

취미가 뭐예요?

What's your hobby? vs. What are your interests?

취미생활이 매우 다양한 친구가 있는데 '그녀로 말할 것 같으면…' 화초 키우기, 일본어 공부, 영화와 음악에 관심이 많고, 시간이 나면 가까운 도시나 섬으로 여행을 한다. 상쾌한 아침에는 틈틈이 조깅으로 몸매관리를 하며, 일과가 끝난 저녁 시간에는 좌뇌의 건강한 활동을 위해 SUDOKU 게임[1]을 하며 시간을 보낸다. 주말이 되면 창의성을 가진 유화를 그린다. 목공예 공방에 가서 심플한 가구도 만들고, 드론 자격증을 따기 위한 학원에도 다닌다. 그녀의 취미생활은 이렇게 다양하지만, 그 '취미'의 구분을 한국인들은 그다지 따지지 않고 'hobbies'라고 통일시킨다. 좀 더 세부적으로 '취미'를 분석하기 전에 그녀의 일상을 상상해볼까? 각 카테고리로 나누면 그녀의 일상을 이해하는 데 도움이 될 것이다. 그녀를 알아야 할 이유는 딱히 없지만, 단어의 의미는 살펴야 하니 퀴즈를 풀어 보자.

화초 키우기 ➡ ❶ hobby   여행하기 ➡ ❶ hobby   목공예 ➡ ❶ hobby
　　　　　　　 ❷ interest　　　　　　　 ❷ interest　　　　　 ❷ interest
　　　　　　　 ❸ pastime　　　　　　　 ❸ pastime　　　　　 ❸ pastime

드론 자격증 ➡ ❶ hobby   영화감상 ➡ ❶ hobby   일본어 ➡ ❶ hobby
　　　　　　　 ❷ interest　　　　　　　 ❷ interest　 공 부　 ❷ interest
　　　　　　　 ❸ pastime　　　　　　　 ❸ pastime　　　　　 ❸ pastime

유화 그리기 ➡ ❶ hobby   SUDOKU ➡ ❶ hobby   조 깅 ➡ ❶ hobby
　　　　　　　 ❷ interest 게임하기　 ❷ interest　　　　　 ❷ interest
　　　　　　　 ❸ pastime　　　　　　　 ❸ pastime　　　　　 ❸ pastime

---

1) 18세기 스위스의 수학자 레온하르트 오일러가 만든 '마술 사각형(Magic Square)'을 1980년대 일본의 한 퍼즐 회사가 본격적으로 게임화한 것으로 숫자를 이용해 논리력을 테스트하기 위해 고안된게임. 숫자를 뜻하는 스(數, su)와 혼자를 뜻하는 (獨, doku)가 조합된 단어로 쉽게 풀이하면 '한 자릿수'. 정사각형 네모 상자의 가로와 세로 각 줄에 겹치지 않도록 수를 넣어 맞추는 게임.

음악 감상, 무용, 독서 등과 같은 활동을 'interests(관심사)'라고 한다. 우리말의 '취미'는 영어의 'pastimes' 개념까지 포함하고 있다. 일반적으로 취미라고 하면 영어 'hobby'를 떠올리는 것이 한국인 영어학습자들의 습관이다. 다음은 웹상에 있는 'hobby'의 개념을 정리한 것이다.

A hobby is an activity that requires your own hard work, creativity and innovation like cooking, playing musical instruments, writing poems, songs, articles etc.
(취미는 매우 열심히 해야 하고 창의성과 혁신성이 요구되는 다음과 같은 활동 즉 요리, 악기연주, 시 쓰기, 기사 쓰기 등등)

Interests are those activities that you have an avid interest in doing them but they do not require your or innovation like reading books or novels, watching movies, listening to music, etc.
(관심사는 상당한 흥미를 갖고 하는 활동을 의미한다. 이 활동들은 혁신성이 필요 없는 독서, 영화 감상, 음악 듣기 등이다.)

Pastimes are mostly about having fun while you are killing time. Card games, video games, yoyo's, beachcombing, bird watching and many others fall into this very large category of activities.
(여가 보내기는 시간을 보내며 부담 없이 즐거움을 추구하는 활동이다.
예: 카드 게임, 비디오 게임, 요요 던지기, 해변가 표류물 줍기, 조류관찰)

이 설명을 참고하면 중학교 1학년 영어 교과서에 자주 등장하는 단원 제목인 "What are your hobbies?"는 'interests'에 관한 질문이라고 할 수 있다. 이 단원의 제목은 관심사를 물어보는 "What are your interests?"로 수정해야 올바른 영어표현이 된다.

> * hobby: 매우 열심히 할 뿐만 아니라 창의적이고 혁신적인 노력이 있어야 성취할 수 있는 것을 추구하는 여가 활동 (악기연주, 서예, 시 쓰기, 스킨스쿠버)
>
> * interest: 큰 흥미를 느끼고 있으나, 창의성이나 혁신성은 요구되지 않고 가볍게 즐길 수 있는 여가 활동 (등산, 독서, 영화감상, 음악 듣기)
>
> * pastime: 한가한 시간을 보내며 즐거움을 추구하려는 비교적 즉흥적인 여가 활동 (TV 시청, 화투 놀이, 자동차 드라이빙, 비디오 게임하기)

KBS '이슈&뉴스'. 이 표현은 틀렸어요!

Issues and News vs. News and Issues

한국 K-pop 그룹 BTS(방탄소년단)의 유럽 공연을 전하는 한국 대표 공영방송사 KBS의 prime-time news에 아래처럼 '이슈&뉴스'라는 section이 있다.

이슈 & 뉴스
K팝 첫 공연 유럽 '열광'

자랑스럽고 가슴 뿌듯한 느낌도 잠시⋯. 그 소식을 전하는 KBS prime-time news의 section 제목은 전혀 자랑스럽지 않았다. 여전히 당당하게 노란 글씨로 오늘도 빛나고 있다. 이 표현의 영어적 어순은 '뉴스&이슈'이다. KBS의 이런 잘못된 영어의 한글 표기는 다음과 같은 문제점을 초래할 수 있다. 뉴스의 생명은 정확성이다. 그 뉴스를 전달하는 section의 명칭을 잘못 표기하면 전달되는 내용의 정확성도 함께 의심받을 수 있다는 것! "아니, 한국의 대표 방송국이 자기들의 뉴스 section 이름이 틀렸는지 맞는지 확인하지도 않고, 저렇게 이상하게 붙인 걸 보면 뉴스도 아마 대충 취재했을 거야." '이슈&뉴스'가 잘못된 표현인 것을 아는 영어권 화자들의 반응을 잠시 상상해보았다.

'이슈&뉴스'의 올바른 영어표현은 'News and Issues'이다. KBS 9시 뉴스가 어떤 section의 명칭을 '이슈&뉴스'라고 한 이유를 추측해보면 다음과 같다.

❶ 영어 어순을 전혀 고려하지 않고 한국어 표현 습성에 맞추어 이름을 붙였을지도 모른다. 어순도 문제이지만, 여러 가지 이슈들을 다루기 때문에 'issue'는 복수형 (issues)으로 나타내야 한다. 그리고 'news'가 's'로 끝나므로 압운(rhyming)을 살리기 위해서도 'issue'의 복수형(issues)을 사용하는 것이 맞는 표현이다. 'News and Issues'라고 해야 의미적으로도 올바르고 음성적인 압운도 살려 정말 살아 있는 영어 문구가 될 것이다.

❷ 어떤 사안이 뉴스를 타고 사람들에게 널리 알려져야 논쟁거리(issues)가 되는 것이므로, 영어의 일반적 언어사용 원칙을 어긴 것이다.
John loved and married Mary.
John married and loved Mary.

위 첫 번째 문장은 "John이 Mary를 사랑해서 결혼했다."라는 해석이 되고, 두 번째 문장은 "John은 결혼하고 나서 Mary를 사랑하게 되었다."라는 의미가 있다. '발생한 상황 혹은 사건의 순서에 따라 표현해야 한다'라는 어순 결정에 대한 일반 원칙을 지키지 않았다.

❸ 영어권에 이미 'News and Issues'라는 사이트가 있어서 중복을 피하려고 의도적으로 영어 어순을 어겨 '이슈&뉴스'라 했을 것으로도 추측할 수 있다.

❹ 뉴스 section 이름을 지은 사람들의 영어 식견이 부족해서 'News and Issues'와 'Issues and News'가 별다른 차이가 없다고 판단한 뒤 한국어 표현으로 더 익숙한 어순인 '이슈&뉴스'를 택했을 것으로도 추측해 볼 수 있겠다.

생각은 의견의 주춧돌

idea vs. opinion

일상생활 속 대화 중에서 사용 빈도수 Top 4에 충분히 드는 단어가 바로 '생각' 아닐까? "너의 남자 친구에 대해 어떻게 생각하니? 이 원피스 색깔 어떻게 생각하니? 지난번 여행이 좋았다고 생각하니? 어느 선생님이 가장 잘 가르친다고 생각하니?" 특정 대상이나 사안에 대하여 '견해'가 뭐냐고 묻거나, '생각'이 뭐냐고 물어볼 수 있다. 한국어 역시 이 두 개념을 정확히 구분하기 쉽지 않다. 이 표현에 해당하는 영어 명사는 'opinion'과 'idea'.

What is your idea about my jacket?

What is your opinion about my jacket?

첫 번째 예문은 자신의 재킷을 어떻게 했으면 좋은지에 대한 생각을 상대에게 묻고 있다. 내가 현재 이 재킷을 사용하는 방식(난파선에서 구조 신호를 보내기 위해 흔들 때 사용, 식초에 넣어 재킷의 얼룩을 제거하는 데 사용, 불을 끄기 위해 사용 등)에 대한 상대의 생각이 무엇인지를 묻고 있다. 두 번째 문장은 화자가 현재 자신의 재킷 색상이나 크기, 혹은 가격 등에 대한 상대의 생각을 묻고 있는 경우를 표현하고 있다. 모든 언어가 그렇듯이 뜻은 같아도 상황에 따라 그 의미가 달라지는 단어는 수없이 많다. 앞뒤 맥락에 따라 잘 선택한 단어들로 만들어진 문장은 한 사람을 더 세련되고 스마트하게 보이도록 하는 '향수' 같은 역할을 한다.

아래 문장의 'ideas'가 올바로 사용된 것일까? (중학교 영어 교과서 예문)

Welcome to Chat Box.
Here you can tell all your ideas about different topics.
This week we're talking about school uniforms.
What do you think of them?
Let's see some other students' ideas.

위 예문의 맥락은 'Chat Box(건의함)'에 적힌 학생들의 의견을 확인하는 내용으로, 이번 주 주제는 학교 교복에 관한 것이며 교복에 대한 학생들의 의견이 어떤지 확인하는 것이다. 두 번째 문장은 학교의 여러 문제(different topics)에 대한 학생들의 생각(ideas about)을 말할 수 있다는 내용이다. 'ideas about'이라는 표현은 단순한 의견을 말하는 것만이 아니라, 여러 가지 문제에 대하여 앞으로 어떻게 할지에 대한 제안이나 창의적 생각을 말하고 있다. 그러나 마지막 문장의 'ideas'는 교복에 대하여 좋고 싫음에 대한 학생 자신들의 의견을 확인하는 것이므로, 'ideas'를 'opinions'로 바꾸는 것이 이 대화의 맥락에 어울리는 표현이다. 'opinion'은 이미 존재하는 것에 대한 호불호 등을 나타내는 자기 생각이지만, 'idea'는 해당 대상의 존재 방식에 대한 창의적 생각, 즉 제안이나 계획을 나타낸다. (예: '교복을 없애자, 특정한 날만 교복을 착용하자' 등의 미래 존재 방식 대한 창의적 생각)

---

* idea ➡ 어떤 대상의 미래 존재 방식에 대한 창의적 생각이나 계획을 표현
* opinion ➡ 해당 대상에 대한 호불호를 표현하는 가치 판단적 생각(견해, 의견)

나는 지금 어디?

the sea vs. the beach vs. the coast vs. the shore

한 달 수입의 반 이상을 해외여행 경비로 적금하는 친구가 들려준 서글픈 여행일기의 마지막 날 이야기이다. 영어 회화에 지대한 관심이 있던 그 친구는 휴가철이 되면 영어권 나라를 여행하며 외국인들과 대화하고 자유롭게 인생을 즐기는게 가장 큰 행복이라고 했다. 그 친구는 여행 시작 전에 방문할 나라에 대해 이런저런 조사를 하고, 그 나라의 문화나 풍습에 대해 더 궁금한 것이 있으면 질문할내용을 나에게 영작해 달라고 해서 그 문장들을 적어 반복 암기해 나비처럼 훨훨여행을 떠나곤 했다.

매번 그래왔듯이, 여행 마지막 날은 암기한 문장들을 들장미가 활짝 핀 야외 카페테라스 같은 곳에 앉아 옆 테이블에 있는 그 지역 사람에게 또박또박 완벽하게 질문했다던 그 친구는, 영어 실력이 뛰어나다는 칭찬은 알아들어도 자신이 질문한 답은 전혀 이해할 수가 없어서 "Yes, OK, I think so, Really⋯." 정도의 단어만 나열하고 "Thank you for your answer. Bye." 이 말과 함께 황급히 자리를 뜨곤 했다고.

노력한 만큼 영어 실력이 늘지 않아 서글프다던 그 친구가 유럽 여행을 다녀온 어느 날, 내게 물어본 질문 하나가 중요한 글감이 되었다. "친구야! 내가 지난 20년 동안 세계 30개국 여행을 했는데 말이야⋯. 바닷가에만 가면 헷갈려. sea, beach, seaside, coast, shore, etc." 친구의 질문 속에는 싱가포르 East Coast, 베트남 다낭 Mike Beach, 미국 Los Angeles Santa Monica Beach, 미국 텍사스 Stewart Beach와 East Beach, 미국 앨라배마 Orange Beach, 영국 런던 Suffolk Coast, 프랑스 Saint-Tropez Beach, 호주 Gold Coast 등 내가 여행한 적 없는 해변 이름이 반 이상이나 등장했다. 직접 여행한 적 없는 해변의 이름들이지만, 친구의 질문에 대한 적절한 설명은 다음 페이지에서 반가운 등대처럼 기다리고 있다.

the sea   the beach   the coast   the shore

In summer, sometimes I go to the sea and put on my beautiful swimsuit there!

이 문장은 "여름에는 때때로 바다에 가서 예쁜 수영복을 입는다(수영한다)"라는 의미이다. (중학교 영어 교과서 예문) 과연 'go to the sea'라고 하면 문제가 없을까? 한국어 '바다'는 해변을 포함한 바닷물이 있는 곳 전체를 의미한다. 그래서 해변을 의미할 때도 일반적으로 '바다'라고 한다. 지난 휴가를 어디로 다녀왔냐는 질문에 동해 쪽으로 다녀왔다고 답할 수 있다. 사실, 해변으로 간 경우라도 대부분 이렇게 대답한다. 하지만, 영어의 경우 해변 'the beach'와 바다 'the sea'는 정확하게 구별되어 사용된다. 따라서 위의 영어표현은 'go to the sea'를 'go to the seaside'(영국식), 'go to the beach'(미국식)로 수정하는 것이 맥락에 부합한다고 할 수 있다. 'go to the sea'라는 말이 휴가라는 개념에 사용되려면 "We go to the sea for our summer holidays, and to the mountains for our winter holidays."와 같이 여름에는 바다로, 겨울에는 산 속으로 휴가를 떠난다고 하면 가능하다. 'go to the sea'의 행위가 지닌 의미는 (바다를 보기 위해서) 바다로 가는 것을 나타낸다. 하지만 바다와 관련된 고유의 행위 활동(voyage)을 한다는 의미를 나타내려면 'go to sea'라고 표현해야 한다.

'해변'이라는 우리말에 해당하는 영어표현은 'seaside', 'beach', 'coast', 'shore' 정도가 있다. 'beach'는 대체로 평평한 모래 혹은 자갈로 덮인 수영이나 일광욕(sunbath)을 하기에 적합한 물가 부분을 지칭하고, 'shore'는 주로 바위로 이루어져 있으며 가파른 물가를 의미한다. 따라서 'shore'는 물가이기는 하지만 해수욕이나 태양욕을 하기에는 부적합한 곳이다. "I like lying on the beach, sunbathing and relaxing.", "After the storm there was a lot of driftwood washed up on the shore."라는 문장을 보면 이해하기 쉬울 것이다.

마지막으로, 'coast'는 바다('sea')와 육지('land')를 구분하는 말로, 멀리서 그것을 전체로 볼 수 있다. 예를 들면, "나는 그녀가 해변에 앉아 있는 것을 보았다"를 영어로 표현할 때 "I saw her sitting on the coast."라고는 할 수 없다. 'coast'를 쓰는 경우는 다음 두 문장이 적절한 예가 될 수 있다. "Looking down from the airplane, we can see the coast.", "I live 20 miles from the coast."

한국어 '바다'는 영어의 'the sea'와 'the beach'를 모두 포함한다. 그런 의미에서 한국어는 상황 의존성이 높은 언어라고 할 수 있다. 상황에 따라 '바다'는 'the sea', 'the beach', 혹은 'the seaside'를 의미할 수 있다. 늘 사용하는 말이지만, 이런 상황 의존성의 문제를 고려해서 영어표현을 골라 사용해본 경험은 아마 드물 것이다.

'Vacation'이 방학이라고?

vacation vs. holiday vs. break

한국어에서 방학, 휴가, 휴식 등의 여러 가지 표현이 있는 것처럼 영어 또한 그 구분을 두고 말한다. 그중에서도 'vacation'은 학교가 쉬는 '방학'으로만 알고 있어서 실제 영어로 대화할 때 자연스럽지 않을 때가 종종 있다. 초, 중, 고, 대학생들의 방학, 직장인들의 휴가, 군인들의 휴가, 법정 휴회 등 세부적으로 그 차이를 익혀서 잘 다듬어진 표현으로 연습해보자.

초등학생 때는 방학이 되면 4시간 이상 기차를 타고 친척 고모 댁에 2주 정도 머물렀던 기억이, 중학교 때는 가족들과 바닷가에서 텐트를 치고 민박도 했던 경험이, 고등학생 때는 걸스카우트에서 야영했던 추억이, 그리고 대학생 때는 영어 과외 아르바이트와 유럽 배낭여행이 필자의 학창 시절 방학 동안의 주옥같은 시간이었다.

그건 그렇고 방학, 휴가를 나타내는 'vacation', 'holiday', 'break', 'leave', 'recess' 등이 서로 어떤 개념적 차이가 있는지는 다음 페이지에 간단하게 정리해 두었다.

대부분의 한국인 영어학습자들은 'vacation'이라 하면 '방학'을 떠올린다. 'vacation'이 '방학'만을 의미할까? 오히려 'vacation'은 학교의 방학보다 우리말 '휴가', '휴일'이라는 개념에 더 가깝다. 그러나 영국식 영어에서는 'vacation'이 '방학'의 의미로 많이 사용된다는 사실! 미국식 영어가 대세인 지금은 'vacation'이 '휴가(holiday)'의 의미로 사용되는 사례가 더 많다.

> "그는 휴가 중이다.", '휴가에서 돌아오다.'
> ➡ 영국식 영어: "He is on holiday.", 'get back from holiday'
> ➡ 미국식 영어: "He is on vacation.", 'get back from vacation'

대체로 방학은 학교를 쉬는 기간이 길 때는 'vacation', 짧으면 'break'라고 표현한다. 그리고 'recess'라는 말은 수업과 수업 중간에 주어지는 쉬는 시간이나 법정 재판 중의 짧은 휴회나 학교의 수업이 없는 기간을 의미할 수도 있다. 군 복무 중에 나온 휴가는 'on leave'라고 표현한다. 'break' 또한 '방학'의 개념을 나타낼 수 있는데, 영미권 학교들은 여름 방학을 비교적 길게 가지므로 여름 방학은 'summer vacation', 겨울 방학은 'winter vacation' 또는 'winter break'이라고 부른다. 한국과 일본은 9월이 2학기지만, 영미권 학교의 1학기 방학은 12월 중순부터 2학기가 시작되는 직전 주까지 약 3주이다. 봄에 시작되는 2학기도 꽤 괜찮을 것 같다.

아래 문장의 빈칸에 맞는 표현은 무엇일까?

> What would you like to do during Christmas _____ ?

크리스마스는 여행을 가거나, 특별한 여가 활동을 할 정도로 기간이 길지 않기 때문에 'break'를 사용하는 것이 미국식 영어표현으로는 더 적절하다.
> ➡ 영국식 영어: holiday ➡ 미국식 영어: break

---

* vacation ➡ 일상을 떠나 재충전할 수 있는 여행을 가거나, 휴양하며 시간을 보내는 것이 전제됨.
* holiday, break ➡ 특별한 여가 활동의 전제조건 없이 업무를 보지 않고 단순히 쉬는 기간
* recess ➡ 수업과 수업 중간에 주어지는 쉬는 시간, 법정 재판 중의 짧은 휴회
* leave ➡ 군인들의 휴가

맛과 풍미

taste vs. flavor

한국어 '맛'에 해당하는 영어표현으로 'taste'와 'flavor'가 있다. 이 두 표현은 어떻게 구별해서 사용하면 좋을까? 아래 대화문의 'taste'가 문맥에 적절한지 판단해보자. (중학교 영어 교과서 예문)

> A: I put bulgogi on spaghetti and add some vegetables.
> B: It's fantastic. It has both a Korean and an Italian taste.

A가 스파게티에 불고기와 약간의 야채를 곁들였다고 하자, B는 그 요리가 한국과 이탈리아의 맛을 동시에 가지고 있다고 한다. 그런데 위 B의 대화에서 표현 'a Korean and an Italian taste'는 'taste'를 복수형인 'tastes'로 고쳐야 어법에 맞다. 다른 수식어를 가진 같은 명사가 'and'에 의해서 연결되면 앞의 명사를 생략하고 뒤의 명사를 복수형으로 사용해야 한다. 즉 'both Korean and Italian tastes'로 한다. 그렇다면 수정한 B의 대화에서 과연 'tastes'가 맥락에 부합되는 표현일까? 'an Italian taste'라는 표현은 무슨 의미를 나타낼까? '이탈리아 음식 맛'을 나타낼 수도 있지만, 보통 '이탈리아 사람들의 취향'이라는 의미로 해석된다. '이탈리아 음식 맛'은 'a taste of Italian food/cuisine'이라고 명시적으로 나타내야 한다. 교과서의 대화문 맥락은 'taste' 대신 'flavor'라는 표현을 사용하는 것이 훨씬 더 적절하다는 결론은 다음 페이지에서 참고!

'taste'는 '미각'만을 의미하지만 'flavor'는 'taste'를 포함하여 식감, 향기, 시각적 요소까지 포함하는 총체적인 개념이다. 스파게티에 불고기를 올려놓고 채소와 곁들여 먹으면 불고기와 스파게티의 맛과 냄새가 어우러져 멋진 음식이 될 것이다. 이렇게 미각과 함께 음식의 고유한 냄새를 한꺼번에 나타내는 'flavor'가 교과서 대화문의 맥락에 더 자연스러울 것이다. 'taste'를 'flavor'로 고쳐보면 다음과 같다.

> A: I put bulgogi on spaghetti and add some vegetables.
> B: It is fantastic. It has both Korean and Italian flavors.

특히, 'flavor'라는 표현은 아이스크림의 맛을 나타낼 때 자주 사용된다. 아래 대화문은 아이스크림 맛에 대한 취향을 묻고 답하는 상황이다.

> A: Which flavor of ice cream do you like the most?
> B: My favorite is Choco Mint Chip. How about you?
> A: I love strawberry the most.

또한 'taste'가 동사로 사용되면 다음과 같이 음식 맛이 어떤지 물어볼 수 있다.

> What does it taste like?
> How does it taste?

첫 번째 질문은 어떤 음식을 처음 접했을 때 물어보는 경우이다. 이 질문에는 "닭고기/소고기 맛입니다."(It tastes like chicken/beef.)와 같이 답한다. 그리고 두 번째 질문은 어떤 음식인지 알고 있는 상태에서 그 음식 맛의 질을 묻고 있다. 따라서 흔히 "그렇게 나쁘지 않아"(It's not bad.), "약간 싱거워." (It's a little bland.), "너무 고소해." (It's too nutty.) 등과 같이 대답할 수 있다.

❶ Taste: 음식을 먹을 때 입으로 느끼는 달고(sweet), 맵고(hot), 시고(sour), 짠(salty) 여러 맛을 의미함.

❷ Flavor: 입 안과 목에서 느껴지는 촉각과 후각을 합친 음식의 맛과 질감과 함께 음식이 가진 고유한 풍미와 시각적 요소를 합친 느낌을 나타내는 총체적인 표현.
(아이스크림의 여러 가지 맛도 'flavor'라고 하고, 아이스크림 맛의 명칭 중 과일 맛(fruit flavors) 명칭이 다수를 차지함)

'a good bike'와 'a nice bike'

good vs. nice

학생들에게 '좋다', '멋지다', '훌륭하다'라는 영어표현이 무엇인지 물어보면 대부분 'good', 'nice'라고 할 것이다. 사실, 한국 학생들은 이 영어표현을 매우 일찍 배우고 자주 접한다. 우리가 잘 알고 있다고 생각하기 쉬운 이 표현이 중학교 1학년 영어 교과서에서는 제대로 쓰였을지 확인해보았다. 슬프다! 또 틀렸다!

A: What a good bike you have!
B: Thanks. Do you want to ride it?

대화자 A는 B의 자전거를 처음 보는 순간 훌륭한 자전거를 가졌다고 칭찬하고 있다. 그런데 대부분의 영어원어민 화자들은 이 대화에서 'a good bike' 대신 'a nice bike'라고 말한다. 실제로 대학에서 강의하는 원어민 영어 강사들에게 중학교 영어 교과서에 나타난 잘못 사용된 표현을 설문지로 작성해 이와 비슷한 표현 650여 개(현행 영어 교과서 6종을 영어원어민 교수와 함께 샅샅이 분석한 결과)의 바른 표현을 선택하라고 하여 그 결과를 분석한 적이 있다. 고진감래라고 했던가? 그 결과는 필자의 박사 논문 Raw Data로, 가설을 증명하기 위한 실험 결과로서 충분했고, 여러 가지 이론과 함께 '중간언어의 재구성'이라는 새로운 용어를 탄생시켰다. 이 책의 에피소드는 읽는 동안 지루함을 줄이고 유익한 시간을 주기 위함이지만, 이론적인 설명은 4년 가까이 연구한 결과에 근거하여 다져진 신뢰도, 타당도 높은 글이므로 믿고, 읽고, 입력하고, 활용하면 된다.
'보기 좋은 떡이 먹기에도 좋다'라는 한국의 속담에서 '좋다'라는 의미 분석을 한국인들은 진지하게 받아들이지 않는다. 가장 쉬운 설명을 찾기 위해 교과서 예문과 함께 이 속담을 소개할까 한다.
'보기 좋은 떡'은 'nice', '먹기 좋은 떡'은 'good'. 아직 이해가 잘되지 않으면 하나 더 추가! 잘 차린 한정식 밥상, 보기에는 'nice' 한 음식이지만 맛은 그다지 'good' 하지 않다. 더 상세한 설명이 필요하다면 자! 이제 공부하러 다음 페이지로 넘어가 볼까?

중학교 영어 교과서에 나온 아래 문장에서도 'a good hat'보다 'a nice hat'이 맥락에 더 잘 어울린다는 것이 대다수 영어원어민의 의견이다.

> I'm looking for a hat.
> I find a good hat.
> It's eight dollars and forty cents.

영어원어민들이 'a nice hat'을 선택하는 이유는 무엇일까? 'nice'와 'good', 이 두 형용사의 한국어 표현 '좋은', '멋진', '훌륭한'을 생각해보자. '멋지다'와 '훌륭하다'를 국어사전에서는 '매우 보기 좋다', '매우 좋아 나무랄 데가 없다'로 각각 풀이되어 있다. 다시 말해 '좋다'는 '(마음에) 흐뭇하여 즐겁다', '(보기에) 아름답다', '훌륭하다' 등으로 설명된다. '멋지다', '훌륭하다'는 '좋다'에 기초하여 서로 그 의미를 풀이하므로 '멋진 자전거'='훌륭한 자전거'= '좋은 자전거', '멋진 모자'= '훌륭한 모자'='좋은 모자'와 같은 언어적 등식이 성립된다. 결국 우리말 '멋지다'와 '훌륭하다'는 '좋다'의 의미로 대체될 수 있다.

그렇다면 영어표현 'nice', 'good'은 개념적으로 어떤 차이를 보일까? 'nice'는 수식하는 명사가 나타내는 대상의 외관이나 구성된 모양이 보기 좋다는 의미를 나타내고, 'good'은 수식하는 명사가 나타내는 것의 구성 재료나 기능을 훌륭히 발휘할 수 있다는 의미를 나타낸다. 한국어에서 이 두 형용사를 구분해서 사용하지 않기 때문에 한국어가 모국어인 영어학습자들은 영어표현에서도 동일시하는 경향이 많다.

'nice', 'good'의 의미 차이를 살펴보면 'nice'는 'well done or made', 'good'은 'having the right qualities'라고 각각 영영사전에 풀이되어 있다. 'a good bike'는 영어원어민 화자에게는 '타기 좋은 자전거'라는 의미로 해석된다. 'good'은 'bike'의 존재 목적이나 기능인 '타는 것'을 수식하지만, 'a nice bike'의 'nice'는 자전거의 외양이나 모양을 수식한다. 따라서 'a nice bike'는 '자전거가 외관상 멋있다'라는 해석이 된다. 처음 보는 자전거를 보고 '좋은 자전거 가지고 있네요'라고 평가한다면 직접 타보지 않았으므로 자전거의 모양, 색상, 외관상의 보기 좋은 점들을 이야기하는 것이다. 이러한 이유로 위 대화에서 'a good bike' 대신 'a nice bike'를 사용하면 더 자연스럽다. 'a good hat'와 'a nice hat'의 설명도 마찬가지이다.

골프를 치면서 멋진 스윙을 칭찬할 때, "그~ㅅ샷!"이라고 할까? "나~이스 샷!"이라고 할까? 이 말의 자연스러운 영어표현은 'good/nice golf shot', 'good/nice swing/hit'이다. 필드에 나가서 골프를 칠 때 상황에 맞게 상대의 스윙 자세 혹은 스윙 결과로 판단하면 보다 자연스러운 표현을 하게 될 것이다.

우와~ 정말 놀랍네요!

surprising vs. amazing

'amazing'과 'surprising' 두 표현 모두 '놀라움'을 나타낸다. 이 두 단어의 쓰임을 비교해서 살펴보고 상황에 맞게 잘 활용할 수 있도록 몇 가지 예문들을 살펴보자. 특히 감정을 표현하는 말들은 전하는 사람의 성격, 인격까지도 가늠할 수 있어서 잘 선택해서 사용해야 한다. 내뱉는 말은 나의 자유, 그 말을 듣고 나를 판단하는 것은 당신의 자유!!

'amazing'은 놀라움의 정도가 'surprising'보다 훨씬 더 큰 것을 의미한다. 그리고 'surprising'은 '새롭게 인식된' 사실을 강조하는 표현이고, 'amazing'은 '놀라운 감정'에 관심과 주의를 집중시키는 표현이다. 따라서 이전에 전혀 인지하지 못한 어느 정도 놀라운 상황을 기술할 때는 'surprising'을 사용한다. 이 놀라운 상황이 화자에게 긍정적, 부정적 어느 것이든 상관없다. 반면 'amazing'은 대체로 긍정적인 좋은 상황에 놀라운 감정을 표현할 때 사용되는 표현이다.

예상치 못한 행복한 이벤트로 준비한 생일파티 시작 전, 어두운 방에서 갑자기 불을 켜는 순간 외치는 'Surprise!'. Andrea Bocelli, Sarah Brightman, Nana Mouskouri, 조수미 등 주옥같은 목소리로 불린 'Amazing Grace'. 두 가지 모두 놀라운 상황을 표현하는 말이지만, 조금씩 다르다. 한국에 널리 알려진 음악 어플 mel**과 kak** music 두 사이트에서 surprising 000, amazing 000으로 시작되는 제목을 검색했더니 단연코 'amazing'이 이겼다. 위에 언급한 것처럼 'amazing'은 긍정적인 좋은 상황에 놀란 감정을 나타내므로 노래 가사에 더 잘 어울릴 듯. 대체로 감미로운 노래들이 많았다. 'surprise, surprising, surprised' 등이 들어간 팝송 제목도 있긴 했지만, 대부분 메탈음악 중에서 헤비를 넘어 데쓰 메탈급의 노래 제목이거나 음산한 분위기의 심벌 소리 가득한 Jazz Rock 정도의 제목들이 많았다.

* 'amazing'을 쓰는 표현 ('wow'와 함께 쓰이면 자연스러움)

1. "Wow, it's amazing! It's like magic! That tough ink stain literally disappears before your very eyes!"

(와, 정말 놀랍습니다. 마술 같아요. 제거되지 않던 잉크 자국이 바로 당신 눈앞에서 글자 그대로 사라졌습니다.)

 2. The movie wowed audiences with its amazing special effects.

(그 영화는 인상적이고 놀라운 특수효과로 관객들을 감탄하게 하였다.)

3. It's amazing to think that the film director is only 23.

(그 영화감독이 불과 23세라고 생각하면 매우 놀랍다.)

4. It's amazing that no one else has applied for such a great job.

(그런 멋진 일자리에 아무도 지원하지 않았다니, 매우 놀랍다.)

 5. The amazing thing is that it was kept secret for so long.

(그 사실이 그렇게 오랜 시간 비밀에 부쳐졌다니, 매우 놀라운 일이다.)

6. What an amazing coincidence! (이런 놀라운 우연이 있나!)

7. 중학교 영어 교과서에 나온 대화 바로잡기

W: Oh, look at the news. ➡ Look at the story.

M: What is it?

W: A man spent 76 days alone on a small boat at sea.

A man ➡ This man

M: Really? That's surprising! ➡ Wow, that's amazing!

* 'surprising'은 'amazing'과 달리 새롭게 인지되어 놀라운 상황을 표현함.

(중학교 영어 교과서의 바르게 사용된 'surprising')

W: Look at this movie. I want to (be able to) ski like that, but we only have deserts.

M: Um···. why don't you try to ski to ski on the sand?

W: Well, I don't think it (that) is possible.

M: Why not? Don't you know about sand ski racing?

W: Sand ski racing? What's that?

M: Players ski on the sand, not (instead of) on snow.

W: Wow. That's surprising. ➡ 'surprising'은 바르게 표현했지만,

　　　　　　　　　　　　　'Wow.'는 'Really?'로 바꾸어야 함.

왜 항상 소금과 후추예요?

salt and pepper vs. pepper and salt

"인생은 초콜릿 상자와 같은 거야. 네가 무엇을 고를지 아무도 모른단다." 이 영화 대사를 모르는 사람은 거의 없을 것이다. Tom Hanks 주연의 영화 *Forrest Gump* (1994)에서 주인공 Forrest의 어머니가 어린 시절의 Forrest에게 들려주었던 말이다. 누구나 삶을 살아가다 보면 자신만이 가진 장점 하나씩은 있다는 것을 알게 될 것이다. 그 재능을 펼칠 기회도 한번씩은 온다. 희망을 버리지 않고 묵묵히 달리는 Forrest의 인생관은 자신의 부족함으로 좌절감이 느껴질 때 큰 위안을 주는 '인생 영화'로 유명하다. 영화평을 쓰는 책이 아닌 탓에 이번 주제는 Forrest Gump 에 나오는 Forrest의 대사 중 숙어처럼 쓰이는 관용표현만을 인용했다.

"From that day on we was always together.
Jenny and me was like peas and carrots."
(그날 이후 우리는 늘 함께 있었어요. Jenny와는 단짝 친구 같았어요.)

이 대사는 학교로 가는 통학버스에서 우연히 Jenny가 옆자리에 앉게 되어 이야기할 기회를 얻게 되었고, 이후 둘은 단짝이 되어 늘 같이 붙어 다녔다고 회상하는 장면에서 나온다. 'we was, Jenny and me was'라고 표현한 이유는 조금 어눌한 캐릭터의 Forrest를 그려내기 위해서일 것이다. Forrest가 말한 'peas and carrots'란 표현은 '단짝'이란 의미가 있다. (반대말:apples and oranges) 이렇게 숙어처럼 쓰인 표현 'salt and pepper'에 대한 순서도 살펴보자. 한국어는 '후추와 소금', '소금과 후추' 어떤 순서로 언급해도 별 차이가 없지만, 영어로 표현하면 반드시 'salt and pepper'로 그 어순이 굳어진다. Why?

salt and pepper?
pepper and salt?

영어의 병렬구조에서 어순을 결정하는 요인은 어느 것이 더 중요하게 여겨져서 우선 인식대상이 되는지를 판단하는 것이다. 그 우선순위는 병렬구조 명칭에 투영된다고 할 수 있다. (예: bread and cheese, meat and potatoes) 하지만 'peas and carrots'와 'salt and pepper'는 그 구성 요소들이 비슷한 중요성을 가진다고 할 수 있다. 영어원어민 화자들은 이러한 어순이 음성적 요인이나 발음의 편의를 위해서 위와 같이 특정 어순으로 조합된 병렬구조가 정착한 것으로 느끼고 있다. 이 발음의 편의성이 담보되려면 다음과 같은 음성적 특성을 두 단어 모두 충족해야 한다.

❶ 음성적으로 짧은 것이 앞선다. (음절 수가 많을수록 뒤에 옴)
nice and beautiful vs. *beautiful and nice
bees and butterflies vs. *butterflies and bees
peas and carrots vs. * carrots and peas

❷ 다른 조건이 같으면 초성의 자음의 수가 적은 것이 앞선다.
hot and dry vs. *dry and hot (climate)
apples and bananas vs. *bananas and apples

❸ 다른 조건이 같으면 초성의 폐쇄성이 약한 것이 앞선다.

(폐쇄성 강한 자음: [p/b, t/d, k/g])
salt and pepper vs. *pepper and salt
surf and turf vs. *turf and surf

❹ 다른 조건이 같으면 전설모음이 앞선다. ('이, 에': 전설모음, '아, 오, 우': 후설모음)
deep and blue vs. *blue and deep
pizza and pasta vs. *pasta and pizza

❺ 종성의 자음 수가 많거나 폐쇄성이 강할수록 앞선다.
Jocks and fun vs. *fun and jocks
Pink and blue vs. *blue and pink

발음상 'pepper'가 'salt'보다 한 음절이 더 길다. 그리고 첫째 음절에 강세가 오는 표현이다. 영어표현에서 다른 조건이 같으면 음절 수가 많은 더 긴 표현이 그보다 짧은 표현 뒤에 온다. 그리고 'pepper'의 초성이 폐쇄성이 강한 [p] 로 시작하는 반면 'salt'는 이보다 폐쇄성이 약한 [s] 로 시작하고 있다. 이런 점 때문에 'salt and pepper'라는 특정 어순을 가진 표현으로 정착했다고 설명할 수 있다.

You're so beautiful.

so vs. very vs. really

팝송 가사에 많이 나오는 'so'는 '너무, 매우, 아주, 그렇게…' 등으로 번역하면 자연스럽다. 여기서 드는 의문! 중, 고등학교에서 배워 흔히 알고 있는 'very, really, quite'와 'so'는 과연 어떤 차이가 있을까?

허스키 보이스의 대명사 Joe Cocker가 부르는 'You Are So Beautiful.'의 가사에 반복적으로 나오는 'You are so beautiful to me.' 이 노래는 가볍게 들어보고, 네덜란드 출신 그룹인 George Baker Selection의 노래 'I've Been Away Too Long.' 이 노래 가사에 나오는 'so'는 공부하면서 들어보자. 'How can I say to you? I love somebody new. You were so good to me always……. I, I've been away too long. No, I can't be so strong.' 연인과 너무 오래 떨어져 있던 중에 새로운 사람을 사랑하게 되어 미안한 마음을 전하는 내용, 누구나 한 번쯤 따라 불렀을 노래이다.

이 부분의 가사는 왜 'really', 'very'와 같은 강조표현을 사용하지 않고 'so'를 사용했을까? 크게 두 가지 이유가 있는 것 같다. 우선 노래의 박자와 리듬에 'really', 'very'는 잘 맞지 않아 짧은 1음절 단어를 찾았고, 'so'는 'that', 'such'와 같은 다른 대용어처럼 선행하는 것이 구체적으로 있거나 추론할 수 있을 때 사용될 수 있는 강조표현이지만, 이 노래 가사에 사용된 'so'는 잘 대해준 정도(so good)나 강한 정도(so strong)를 맥락에서 충분히 유추할 수 있으므로, 정도를 강조하는 표현으로 사용된 것이다. 좀 더 구체적으로 설명해보면 'You were so good to me always.'는 상대가 어느 정도로 자신에게 잘 대해주었는지를 누구보다 잘 알고 그것을 회상하는 분위기이므로 'quite', ''pretty', 'very'와 같은 강조표현을 사용하면 옛날 연인과 행복했던 순간들을 묘사하는 애절함은 완전히 사라질 것이다. 'No, I can't be so strong.'에서 맥락상 'so'가 나타내는 것은 'I can't go on with lie.' 또는 'I can't hit it.'과 같이 다른 사람을 새로 사랑하게 되었고, 그것을 숨기고 지내는 것을 나타낸다. 노래 가사의 주인공은 그 정도로 강할(so strong) 수 없다고 고백하고 있다. 이처럼 맥락에서 'so'가 어떤 정도를 나타내는지를 쉽게 알 수 있을 때는 강조표현으로 사용될 수 있지만, 'really', 'very', 'quite'와 같은 강조표현은 단순히 정도를 높이는 기능만을 할 뿐이다.

아래 문장의 'so'가 적절하게 사용되었는지 판단해보자. (중학교 영어 교과서 예문)

I love ice cream very much.
She loves chocolate so much.
We are both love sweet things.

이 문장의 'so'는 어색하다. 그 이유는 그녀가 초콜릿을 어느 정도로 많이 좋아하는지 문맥 안에서 파악할 수 없기 때문이다. 'so much'는 '그만큼 많이'라는 의미를 나타낸다. 이 표현을 사용하려면 이전 문장에서 구체적으로 그 상황을 언급했거나 맥락에서 쉽게 유추할 수 있어야 한다. 'She loves chocolate so much.'라고 뜬금없이 말하며 그녀는 초콜릿을 그만큼 많이 좋아한다고 표현한다. '그만큼'이라니? 그녀가 초콜릿을 좋아하는 정도를 쉽게 찾거나 유추할 수 없는 이 문장을 영어원어민 화자들은 틀림없이 어색하다고 판단할 것이다. 따라서 두 번째 문장의 'so'는 'very'와 같은 일반 강조표현으로 대체해야 한다.

아래 대화문 역시 중학교 교과서에 나온 'so'가 들어간 대화문이다.

A: Hi, Cindy. Is something wrong?
B: I have to give a speech in front of the whole school.
 I am so nervous.
A: Don't worry. You're a very good speaker.

'so'가 어떤 상태를 강조하는 기능으로 사용되려면 강조하는 정도를 맥락에서 찾을 수 있어야 하지만, 이 대화문에서는 어느 정도인지 구체적으로 알 수 없다. 이런 경우 'so' 대신 'quite', 'pretty', 'very'와 같은 다른 강조표현을 사용하여 불안한 상태(nervous)를 단순히 강조해서 불안한 정도가 높음을 표현해야 한다. 'so'는 그 정도가 불명확한 맥락에서 마구 사용되어 어린아이들이 특별한 근거 없이 습관적으로 강조하는 말투(girlish)처럼 들릴 수 있다. '참 좋아(so good)', '정말 예쁘네(so beautiful)', '엄청 이상해(so funny)'처럼 어린아이의 말투가 되는 느낌을 줄 수 있으므로 앞뒤 맥락을 살펴 주의 깊게 사용해야 한다.

'The'의 집을 찾아서 etc.

'The' in the Right Place etc.

달빛이 비치는 강

Moon River vs. The Moon River

영화 *Breakfast at Tiffany's*(티파니에서 아침을: 1961)에서 눈부시게 아름다운 Audrey Hepburn이 창틀에서 기타를 튕기며 노래하는 화보 같은 장면을 기억하는가? 그때 외롭고 공허한 마음을 달래면서 불렀던 노래 제목인 'Moon River'를 들으며 정관사 'the'의 세계로 여행을 시작해보자.

> Moon River, wilder than a mile, (달빛 가득한 강 넓기도 하네)
> I'm crossing you in style someday. (언젠가 널 멋지게 건널 거야)

이 노래 가사를 지은 Johnny Mercer는 이 곡의 제목을 'Blue River'라고 생각했지만, 같은 제목의 노래가 있어 'Moon River'로 바꾸었다고 한다. 여기서 잠깐! 실제로 Canada Ontario 주에 'the Moon River'라는 강이 있고, 정관사 'the'를 붙여 지금까지도 그렇게 부른다. 한국어에는 없는 '정관사'의 세계를 알아보는 것이 부담스럽더라도 끝까지 읽으면 영어 지식에 고급스러운 액세서리 하나 얻은 느낌이 들 것이다. 아래 표현은 모두 맞는 표현이다. 오마이갓!

> (i) the + 고유 명칭 + River: the Amazon River
> (ii) 고유 명칭 + River: Amazon River
> (iii) the + 고유 명칭: the Amazon
> (iv) 고유 명칭: Amazon
> (v) River + 고유 명칭: River Amazon

아래 예문 강 이름에는 'Moon River'처럼 정관사가 없다. (중학교 영어 교과서 예문)

A: Bora, what did you do last weekend?
B: I went camping at Hongcheon River with my family

전통적인 학교 영문법은 정관사를 붙여 'the Hongcheon River'라고 해야 맞다. 'Moon River'처럼 정관사 'the' 없이 강 이름을 영어로 부를 수 있을까? 영어원어민 강사 15명에게 설문한 결과, 기존의 학교 영문법과는 달리 12명이 정관사를 붙이지 않은 교과서 표현을 선호했다. 그렇다면 강 이름 앞에 정관사 'the'를 사용해야 한다는 학교 영문법은 어떻게 된 것일까? 강 이름을 인터넷에서 검색해보면 다음과 같은 예문들이 등장한다.

"The Murray River (or River Murray) is Australia's longest river, at 2,508 kilometers (1,558 mi) in length."

"Amazon River, the greatest river of South America…."

"The Amazon River, usually abbreviated to Amazon…."

"Nile River served as the source and inspiration behind many agricultural revolutions, technological innovations, and works of art."

강 명칭에 정관사를 사용할 것인지 아닌지는 그 맥락에 따라 정할 수 있다. 일상적인 맥락에서는 정관사 'the'를 생략하거나 'River'를 생략하고 사용하기도 한다. 그리고 문맥상 오해의 소지가 없으면 모두 생략하고, 'Amazon'처럼 해당 고유 명칭만으로 강을 부를 수도 있다. 그렇다면 이 중 어느 유형으로 강의 명칭을 말하면 좋을까? 어떤 유형으로 명명할 것인지는 그때그때 맥락에 맞게 결정하면 된다. 영어 교과서처럼 어법이 엄격히 지켜져야 하는 맥락에서는 'the+고유 명칭+River'의 유형으로, 일상적인 대화에서는 간략한 유형의 강 명칭을 사용하자. 하지만 이런 식의 강 명칭 표기 방식은 시간이 지나면서 독일, 프랑스와 같은 주변국 강의 명칭(라인강 :Der Rhein, 센강: La Seine)에 영향을 받아 18세기 이후 영어 강 명칭에 정관사가 지속해서 나타나는 관행이 정착되었다. 이 관행에 따르면 위 교과서의 강 명칭에 정관사를 붙여서 'the Hongcheon River'라고 해야 하지만, 실제 영어원어민 화자들은 그 문제를 그렇게 중요하게 생각하지 않았다. 격식을 갖춘 표현인지, 일상적인 표현인지에 따라 강 이름 앞의 정관사 유무가 결정되는 것으로 보인다.

런던에 없는 London Bridge

London Bridge vs. The London Bridge

London Bridge는 런던에 있다, 없다? 이 퀴즈의 답은 'Yes and No!'이다. 한편으로는 그렇고, 다른 한편으로는 그렇지 않다는 의미이다.

'London Bridge'는 영국에서 사람들이 가장 많이 왕래하는 Thames 강 위에 있는 다리이다. 이 명칭에는 정관사 'the'를 붙이지 않지만, Thames 강 위에 근래에 세워진 다리, 'The Millennium Bridge(2000년 준공)'와 'The Golden Jubilee Bridges(2002년 준공)'는 정관사를 붙여서 부른다. San Francisco Bay에 있는 금문교 'The Golden Gate Bridge(1993년 준공)' 또한 정관사 'the'를 붙여서 부른다. 이 두 다리는 근래에 건설됐다는 공통점이 있다. 그리고 London의 Thames 강 위에 세워진 다리들은 거의 모두 수백 년 전에 세워진 다리들이다. 이들의 이름에는 정관사 'the'를 붙이지 않지만, 20세기 이후에 건설된 미국의 다리들의 이름은 대부분 정관사 'the'를 붙여서 사용한다.

아 몰라! 강 이름부터 다리 이름까지 이거 완전 딜레마의 연속이군! 정관사 너! 우리나라에는 없는 씨앗인데 무슨 꽃을 피우는지 정체를 알 수가 없구나~~.

❶ 영국의 다리들은 대체로 유서 깊은 오래된 것들이다. 다리 명칭에는 정관사를 붙이지 않는 것이 일반적이다. 'The Millennium Bridge'는 정관사 'the'를 붙여 사용하기도 하지만 정관사를 붙이지 않는 경우가 더 흔하다. Thames 강에 있는 'Tower Bridge'는 18세기에 세워졌으며, 정관사를 사용하지 않는다. 반면, 미국 California Sacramento 강 위에 있는 같은 이름의 다리 명칭에는 정관사 'the'를 붙여 'The Tower Bridge'라고 표기한다. 이 답을 밝힌 언어학자는 아직 없지만, 잠정적으로 오래된 다리도 처음에는 정관사를 붙였어도 인간과 가까워지면서 관사를 생략했을 수도 있다고 추측해본다. (인간중심: Anthropocentric)

❷ 미국 New York에 있는 다리 명칭은 어떨까? 'Pelham Bridge, Rikers Island Bridge, Brooklyn Bridge, Manhattan Bridge'와 같은 다리 이름은 정관사 'the'를 붙이지 않는다. 주목할 만한 것은 최근에 건립된 다리일수록 그 명칭에 정관사 'the'를 사용한다는 것이다. 미국, 뉴질랜드, 호주와 같은 영어권 나라의 다리 명칭도 정관사 'the'를 붙여 사용하는 경우가 훨씬 더 많다.

❸ New Zealand의 유명한 다리 18개 명칭을 살펴본 결과 정관사를 사용하지 않은 다리 명칭은 다음과 같이 6개였다. (Wikipedia 등재 참고) Fairfield Bridge, Grafton Bridge, Hamish Hay Bridge, Hauraki Bridge, Mangere Bridge, Onepoto Bridge. 나머지 12개는 정관사를 가진 명칭을 사용했다.

❹ Australia 호주의 가장 아름다운 다리 12개를 소개하는 웹사이트에서는 'Barham Koondrook Bridge'를 제외하고 모두 정관사를 사용했다. The Ross Bridge, The Anzac Bridge, The Webb Bridge, Brisbane's Story Bridge, The Hawkesbury River Railway Bridge, The Sea Cliff Bridge, The Stony Creek Falls Bridge, Barham Koondrook Bridge, The Bethanga Bridge, The Sydney Harbour Bridge.

❺ 한국 한강의 다리 명칭 대다수가 정관사 'the'를 가졌다는 것은 '비영어권 국가에서 다리 명칭을 영어로 지을 때 정관사 'the'를 붙이는 것이 더 자연스럽게 보인다'라는 일반적인 경향을 따른다고 볼 수 있다. 한강의 다리 이름 29개 중 다음의 6개만 정관사 없이 Wikipedia에 등재되어 있다. Cheongdam Bridge, Dongho Bridge, Dongjak Bridge, Yeongdong Bridge, Olympic Bridge or Grand Olympic Bridge, Seogang Bridge or Grand Seogang Bridge. 나머지 23개의 다리 명칭에는 정관사를 붙여 명명하고 Wikipedia에 등재한 이유는 무엇일까?

지구를 영어로?

Earth vs. the Earth, earth vs. the earth

대문자로 시작하는 'Earth'와 소문자로 시작하는 earth, 그 앞에 정관사 'the'를 붙일 때와 그렇지 않을 때! 또 시작되었다. 우리나라에 없는 씨앗의 만행~~!! 영어 교과서를 들고 와서 틀린 부분을 찾아달라는 학생의 요청을 받았고, 이번 기회에 제대로 정리해서 기록으로 남겨 보고 싶었다.

> Today we live on the earth. In the future we will live in a space station. What will people do there? They'll build a city with factories, shops, and houses. How will they do it? A space shuttle will take materials from the earth to the space station. Robots will build a giant spaceship for us.

❶ 첫 번째 문장 'the earth' ➡ earth (공중의 개념을 나타내는 표현 'in a space station'과 대비되는 '땅에'라는 의미를 나타내려면 정관사 없이 단순히 'earth'라는 표현을 사용해야 한다.)

❷ 두 번째 문장 'the earth' ➡ earth ('땅에서 우주정거장으로' 물자를 가져간다는 의미를 표현하므로 공중의 개념과 대비되어 있다. 이 표현도 정관사 없이 'earth'라는 표현을 사용해야 한다.)

❶ Earth: 지구를 지칭하는 이름, 대문자로 시작, 관사 없이 쓰인다. (고유명사의 특성) 수성, 금성, 화성, 목성을 'Mercury', 'Venus', 'Mars', 'Jupiter'로 부르는 것처럼 지구를 'Earth'라고 명명한 것이다.

The spaceship returned safely to Earth.

(그 우주선은 무사히 지구로 되돌아왔다.)

❷ the Earth: 태양계의 지구를 의미한다. (지구가 존재하는 범위를 태양계로 제한)

'the Mercury', 'the Venus', 'the Mars', 'the Jupiter'도 같은 맥락이 된다.

Meteorites often burn up in the atmosphere before they reach the Earth.

(많은 운석이 지구의 대기권에 도착하기 전에 전소한다.)

❸ earth: 우리가 사는 지구를 뜻하고, 공중을 나타내는 'the air'와 대비되는 '땅'이라는 뜻이며, 그 범위가 제한되지 않으면 정관사 없이 사용한다. '땅으로 떨어진다, 땅으로 내려앉는다'처럼 공중과 대비되어 '땅에서', '땅으로'의 의미를 나타낼 때 'earth'를 사용한다. 그리고 '우리가 사는 이 세상'이라고 할 때도 정관사 없이 단순히 'earth'로 표현한다. 정관사 없이 사용되는 또다른 경우 '흙'이라는 물질을 뜻하는데, 그 흙의 범위가 제한되어 있지 않을 때 쓰인다. (범위가 제한되면 정관사를 가진 'the earth'로 표현)

The pilot brought the plane gently back to earth.

(그 조종사는 비행기를 사뿐히 땅에 착륙시켰다.)

God's will be done on earth as it is in heaven.

(천국에서처럼 이 세상에서도 하나님의 뜻이 이루어질 것이다.)

The ploughed earth looked rich and dark and fertile.

(쟁기질한 흙은 기름지고 검고 비옥해 보였다.)

❹ the earth: '땅'이란 의미를 나타낼 때 보통 정관사 없이 'earth'로 표현한다. '지진의 흔들림을 느낀 땅'처럼 땅의 범위가 한정될 때, 지구 밖에서 본 지구 전체를 나타낼 때, 지구 내부에서 본 지구 전체를 나타낼 때 사용한다.

The earth was shaking and people rushed out of their houses in panic.

(땅이 흔들렸고 사람들은 겁에 질려 집 밖으로 뛰쳐나왔다.)

Many species are in danger of vanishing from the earth.

(많은 종이 지구상에서 사라질 위험에 처해 있다.)

신기하고 이상한 얼음계곡

ice is frozen vs. ice forms

몇 년 전 한국의 어느 지자체에서 수려한 청송 주왕산과 계곡을 UNESCO Global Geopark에 등재할 무렵 세계지질공원위원회(UNESCO Global Geopark Committee)에 제출할 지원서를 영문으로 준비하고 있었다.

그 지원서의 초고는 너무나 많은 오류를 담고 있었다. 아래 영어표현은 그 오류 중의 하나로 한국식 영어표현이 얼마나 황당한 의미를 내포할 수 있는지 보여주는 사례이다.

'In Cheongsong Ice Valley, ice is frozen during the summer⋯.'

위 영어표현의 문제는 크게 세 부분이 잘못되었다. 우선 '청송얼음골'의 영어 표기 'Cheongsong Ice Valley'에서 정관사가 빠져있다. 두 번째 문제는 '얼음이 얼다'를 영어로 옮긴 부분이다. 마지막으로, 'during the summer'는 '청송얼음골에서는 여름 동안(만) 얼음이 언다'라는 의미를 나타낸다. 영어원어민 화자들은 이 표현을 접하는 순간 참으로 이상한 계곡이 한국에 있다고 생각할지도 모를 일이다.

첫 번째 문제를 살펴보면, 전 세계적으로 명성을 얻지 못한 골짜기 명칭 앞에는 아래 예들이 보여주듯이 대부분 정관사를 붙여서 표현한다.

> the Fraser Valley, the Willamette Valley, the Ruhr Valley, the Nile Valley….

청송얼음골에 정관사를 붙이지 않으면 영어원어민 화자들은 그 골짜기가 마치 Death Valley, Silicon Valley처럼 전 세계적으로 유명한 장소로 일단 받아들인다. 청송얼음골에 정관사를 붙이지 않으면 너무 과장된 표현이라고 판단하지 않을까? 그리고 정관사 'the'를 붙이지 않은 이런 방식의 표현은 전체 지원서가 과장되었을 수 있다는 느낌을 은연중에 나타낸다.

두 번째 문제는 '얼음이 얼다'를 영어로 옮긴 부분에 'ice is frozen'이라는 표현은 그 자체로는 어떤 오류도 없어 보이지만 'freeze'라는 동사는 능동의 형식을 취하는 동사이다. (예: Salt water is harder to freeze than fresh water. 소금물은 민물보다 잘 얼지 않는다). 이런 문제 외에도 'ice'라는 명사 자체가 물이 얼어 단단하게 된 것을 의미하기 때문에 'Ice is frozen.'이라는 영어 표현은 매우 무의미해진다. 왜냐하면 '얼음은 이미 얼어있는 것'을 나타내기 때문이다. 한국어 표현법의 영향으로 우리말처럼 생각하고 영어를 표현하니 그럴 수밖에 없다. '얼음이 얼다'를 우리말로 표현하려면 다음 예문처럼 '물이 얼다'라고 표현해야 한다. "Water freezes into/becomes ice at 0 degrees Celsius."(물은 섭씨 0도에서 얼어서 얼음이 된다.)" 만약 'ice'를 주어로 사용하려면 "Ice forms at 0 degrees Celsius."라고 표현하면 될 것이다.

세 번째, 'during the summer' 표현의 전치사 'during'은 그 뒤에 오는 시간 표현의 명사가 나타내는 시간 '~동안'이라는 의미를 나타낸다. 즉 'how long?'이라는 표현의 의미에 상응하는 시간의 길이 또는 범위를 나타내므로 'during the summer'는 여름이라는 시간 동안이라는 의미를 나타낸다. 따라서 지원서의 "In Cheongsong Ice Valley, ice is frozen during the summer…."은 "청송얼음골에서는 여름 동안(만) 얼음이 언다"라는 정말 희한한 의미가 된다. 얼음은 일반적으로 겨울에 어는데 청송얼음골은 정반대로 여름 동안만 언다고 표현되어 있으니, 현실 세계가 아닌 동화에서나 나올 것 같은 이상하고 진기한 계곡이 되어버렸다. 원문을 수정하여 고쳐보면 다음과 같이 교정할 수 있다.

> In the Cheongsong Ice Valley, ice forms/is found even in the summer….
> (청송얼음골에는 심지어 여름 동안에도 얼음이 언다.)

그건 그렇고, 어쨌든

By the way vs. Incidentally vs. Anyway

요가를 처음 시작한 수다쟁이 친구가 대화 내내 요가 이야기만 해서 무척 지루한 날! 말을 중간에 끊고 전혀 다른 화제로 전환을 하려고 'By the way,'라고 시작하면 맞는 표현일까? 요가에 대한 화제를 그대로 이어가다가 또 다른 친구가 '요가를 꾸준히 하면 몸의 어떤 부분에 도움이 될까?'라고 대화와 연결되는 질문을 한다면? 식당에서 점심을 주문하고 대화하던 중에 음식이 나와서 잠시 대화가 끊어졌다가 다시 요가 이야기로 이어진다면 그때도 'By the way,'를 쓸까?

여러 사람과 대화할 때 'By the way, Incidentally, Anyway'를 적절하게 사용하면 즐거운 대화가 이어질 수 있다. 그렇다면 화제 전환을 하기 위한 연결어의 차이를 이제 살펴볼까?

대화를 이어갈 때 주제를 바꾸어서 말해야 할 경우가 종종 있다. 이 연결어의 영어표현으로 쓰는 'By the way'가 바르게 사용되었을까? (중학교 영어 교과서 예문)

> Anna: Suho, what are you going to do this fall?
> Suho: I'm going to study Chinese. How about you, Anna?
> Anna: I'm going to visit Jejudo.
> By the way, I need to buy a travel guide book on Jejudo.

'By the way'는 앞의 내용과 다른 주제의 내용을 갑자기 도입할 때 주제의 전환을 알리는 연결어이다. 가을에 여행할 계획을 말하다가 제주도 여행을 언급했으므로 주제에서 벗어나지 않았다. 이런 경우 'Incidentally'라고 표현하면 된다. 이 표현은 대화 주제와 관련이 있지만 좀 덜 중요한 것을 언급할 때 사용된다. 아래 대화도 참고!

> We had a marvelous meal at that restaurant you recommended.
> Incidentally, I must give you the number of a similar one I know.
> (우리는 당신이 추천해준 식당에서 대단히 훌륭한 음식을 먹었습니다.
> 참, 내가 알고 있는 그와 유사한 식당의 전화번호를 드리겠습니다.)

아래 대화문에 사용된 'Anyway'는 앞 대화 내용에 벗어나서 잠시 다른 화제로 말이 끊겼다가 잊고 있었던 중요한 화제로 전환됨을 표시한다.

> A: Michael broke up with his girl friend last year.
> (Michael은 작년에 여자 친구랑 헤어졌어.)
> B: Would you like some more coffee?
> (커피 좀 더 드릴까요?)
> A: Thanks, that'd be great. Anyway, after that, he moved from
> Boston and set up his own business in New York.
> (고마워, 좋지. 어쨌든 그 후 그는 보스턴을 떠나 뉴욕에서 사업을 시작했어.)

앞서 언급한 요가에 대해 계속 말하는 친구의 대화가 지루해서 전혀 다른 화제로 바꾸고 싶을 때는 'By the way', 요가에 관한 이야기이지만 요가라는 운동이 신체의 어떤 부분에 좋은지 물어볼 때는 'Incidentally', 대화 중에 주문한 음식이 나와서 잠시 중단되었다가 다시 시작될 때는 'Anyway'를 쓰면 가장 적절한 표현이 된다.

아, 글쎄요, 정 그러시다면…

well vs. then

앞에 나온 말에 대하여 어떤 특정 느낌을 전달하면서 뒤이어 올 말과 앞의 발화를 연결하여주는 짧은 말들이 있다. 한국어 '아', '어머!', '맙소사!', '글쎄요', '정 그러시다면' 등과 같은 말들이 이런 기능을 하고 '간투사(감탄사)'라고 한다. 영어에도 이런 간투사가 있고, 'ah!', 'oh!', 'my goodness', 'well', 'well then', 'then' 등이 자주 사용된다. 이런 말을 적절히 사용하지 못하면 대화 전체가 어색해진다. 아래의 우리말 대화를 보면 간투사의 역할이 내용 전달에 있어서 꽤 비중이 있음을 알 수 있다.

> A: 내가 가진 모든 주식을 당장 팔고 싶어요.
> B: 지금 그 주식을 팔면 큰 손해를 볼 수 있습니다.
> A: 상관없습니다. 지금 팔아주세요.
> B: 정 그러시다면, 바로 매도 주문 넣겠습니다.

'정 그러시다면' 이 표현 대신 '글쎄요'를 사용한다면 대화의 흐름이 어색하게 된다는 것을 느낄 수 있다. 이 대화가 영어로 옮겨진 것을 읽고, 'well'과 'then'의 차이에 대하여 추가한 세부적인 설명을 익혀 대화할 때 어색함을 몰고 오지 않는 English Speaker가 되길 바란다.

> A: I want to sell all my stocks right now.
> B: You're going to lose a lot of money if you sell all of your stocks now.
> A: I don't care. Sell now.
> B: Well then, I'll put the order through.

❶ Well (제안, 권유하는 상황에서는 Well, would you like to~: 그러면~)

A: So how much do you want for your 1999 Renault?

B: Well, I was thinking of £2,500.

99년형 Renault 자동차를 얼마에 팔 것인지 묻는 A의 질문에 '글쎄요, 2천 500파운드 생각하고 있습니다만…'이라고 대답한다. 이어질 말에 대하여 선뜻 말하지 못함을 'Well'이라고 먼저 말하면서 질문에 대하여 확실한 답이 좀 곤란하거나, 신중함을 내포하고 있다. 다음의 대화에 사용된 'Well'은 앞선 말에 대하여 약간 비난하는 심정을 전달하고 있다.

A: I couldn't find my way to the theater.

B: Well, why didn't you ask me?

❷ Well then: 동의하지는 못하지만, 당신의 뜻이 '정 그러시다면' 정도의 불만이나 의견 불일치의 심정을 나타낸다. (앞 페이지 주식 관련 예문 참고)

❸ Then: 명시적이든지 묵시적이든지 논리적 순서 매김을 할 수 있을 때 사용된다. 일반적으로 앞말과 뒷말의 논리적 순서 매김이 어려운 경우 단순히 뒷말을 추가한다는 느낌을 표현하기 위해 'then(그러면)'을 사용하면 대화가 비논리적으로 들린다. 한국인 영어학습자들은 이 연결어를 정해진 순서와는 관계없이 단순히 앞에서 언급한 말 뒤로 '그러면'이라는 의미를 추가로 덧붙일 때 주로 사용하는 경향이 있어 'then'이 한국 영어 교과서에 많이 오용되고 있다. 다음의 영어 대화문의 'then'이 제대로 사용되었는지 살펴보자. (중학교 영어 교과서 예문)

A: Do you like science?

B: No, I don't.

A: Then, do you like math?

B: Yes, math is my favorite subject.

학생들의 선호하는 과목에 관한 이야기로, 여기서 'then'이 제대로 사용되려면 학생들이 과학 다음으로 수학을 선호해야 한다는 전제가 필요하다. 이런 배경지식이 없으면 'then'은 제대로 사용되었다고 할 수 없다. 만약 이런 배경지식이 없는 일반인들이 이 대화를 듣는다면 학생들의 과목 선호도에 대한 자신의 배경지식에 빗대어 판단하고 A가 비논리적이라고 여길 수 있다. 다시 말해서 위 대화는 'then' 때문에 비논리적으로 들릴 가능성이 크다. 이런 문제를 해결하려면 'then'을 'well'로 대치하면 훨씬 더 자연스럽게 들린다.

드디어, 마침내, 결국

finally vs. at last vs. eventually

After trying several times, I finally managed to pass the exam. And I finally got a job.
(여러 차례 시도한 후 나는 마침내 시험에 합격할 수 있었다. 그리고 드디어 일자리를 구했다.)

이 얼마나 감동의 순간인가? 한국의 취업준비생들이 이 문장의 내용처럼 외치는 날이 모두에게 올 수 있기를 간절히 바랄 뿐이다. 아울러 큰 고난과 역경의 시간으로 지연된 소중한 지난날이 가고, 마침내 취업하게 된 여러분들께는 진심 어린 축하 인사를 전한다.
한국어 '드디어, 마침내, 결국'의 영어표현들을 세부적으로 정리한 다음 페이지를 참고하여 장래 멋진 직장에서 해외 출장을 나가게 될 기회를 대비해 적절한 표현을 익혀보자. 꿈은 이루어진다. ★

❶ Finally: 기본적으로 어떤 정해진 무리 내에서 마지막 순서, 최종적 언행, 종말성 (finality)를 강조하는 말이다. (문두에 올 경우), 본동사 바로 앞에 위치하면 마지막 순서가 되기까지 오랜 기간 어려움, 연기, 기다림이 있었다는 의미가 된다.

The matter was not finally settled until later.

(그 문제는 그 뒤까지 최종적인 정리가 되지 않았다.)

After months of working, he finally finished the garden.

(몇 달 동안 일한 끝에 그는 마침내 정원을 완성했다.)

❷ At last: 어떤 일이 장기간에 걸쳐 지연되거나 기다려서 그 일과 관련된 자들이 불편(inconvenient)하고 안달(impatient)이 났다는 것을 강하게 시사한다. 이런 의미는 우리말 표현 '마침내', '결국'과 같은 뜻이다. (문두, 본동사 앞, 문미 세 위치에 다 올 수 있다. 참고: 'Lastly'는 일련의 순서 내에서 마지막을 의미한다.)

At last I've discovered how to print envelopes on my printer!

(마침내 나는 프린터에서 봉투를 인쇄하는 방법을 알아냈다.)

John has paid me that money at last.

(John은 마침내 나에게 그 돈을 지불했다.)

❸ In the end: 많은 변화와 불확실한 상황을 거친 후, 모든 것을 다 고려한 후, '결국'이라는 의미를 나타낸다. 주로 문장 앞에 위치한다.

In the end, what really matters in a friendship is trust.

(결국 우정에 있어 정말 중요한 것은 신뢰감이다.)

We worked hard, and in the end, we achieved our goal.

(우리는 일을 열심히 했다. 그리고 결국 우리는 목표를 달성했다.)

❹ Eventually: 오랜 기간이 지난 후 수많은 노력 끝에 무엇이 발생한다는 '마침내'라는 의미이다. (문두, 문미, 동사 바로 앞 또는 뒤에 위치)

Eventually, I did get better and returned to work.

(결국 나는 건강을 회복했고, 직장으로 복귀했다.)

Her constant campaigning eventually got her the nomination.

(그녀의 지속적인 선거운동으로 결국 그녀는 공천되었다.)

감칠맛이 필요해!

open vs. open up, cut vs. cut up, chew vs. chew on

한국인 영어학습자들이 쓴 영어를 수정하며 늘 느끼는 것 중의 하나는 밑간 마무리가 덜 된 요리 같다는 것이다. 해당 상황에 꼭 맞는 표현을 사용하지 못하고 무언가 부족한 느낌! 심지어 중학교 영어 교과서에도 밑간이 덜 된 요리를 선보이기도 한다. 영어를 배워 새로운 세상을 열자는 내용으로 쓴 문장에서 영어표현이 틀리다니 아쉽기 그지없다. '새로운 세상을 열자'는 'open a new world'가 아니라 'open up a new world'라고 해야 한다.

Let's speak English and open a new world. (Wrong)

Let's speak English and open up a new world. (Right)

'open up'은 탁 터놓고 이야기한다는 의미도 있다. 'up'을 더함으로써 동사 'open'만으로 표현할 수 없던 의미를 나타낼 수 있다.

I've never opened up to anyone like I do to you.
(너에게 한 것처럼 전에 그 누구에게도 내 심정을 털어놓은 적이 없다.)

동사 'cut'은 단순히 한번 자르는 것을 의미하고, 'cut up'은 '여러 번 잘라서 잘게 썬다'라는 의미가 있다. 아래 그림에서 왼쪽은 'cut the carrot'이고, 오른쪽은 'cut up the carrot'에 해당한다.

개가 신발 끈을 물어뜯는 경우를 표현하는 문장을 살펴보자. (중학교 영어 교과서 예문) 'chew something'은 입 안에 물건을 완전히 넣고 씹는 행위를 나타내고, 'chew on something'은 해당 물건 일부분을 입에 넣고 씹는 행위를 나타낸다. 껌과 같은 것을 씹을 때 'chew on gum'이라고는 하지 않는다.

He chews all the shoes in my house. (Wrong)
He chews on all the shoes in my house. (Right)

'up', 'on', 'by', 'for'와 같은 전치사들이 기본 동사에 합쳐져 그 동사가 가진 의미를 풍부하게 한다. (come vs. come by, apply vs. apply for) 사용 빈도수가 높은 동사들에 전치사를 합쳐 구동사를 형성한다. 이 구동사들이 갖는 의미는 기본 동사들의 의미에 특별한 맛을 입힌 것과 같다. 이런 특별한 언어적인 맛을 영어가 모국어가 아닌 영어학습자들은 간과할 가능성이 크다. 구동사들은 전치사의 도움을 받아 카멜레온처럼 기본 동사의 의미를 다채롭게 변화시킨다. 영어원어민처럼 섬세하게 그 상황에 꼭 맞는 동사를 사용하고 싶다면 구동사를 적절히 잘 사용할 수 있어야 한다. 그리고 맥락이 과정에 초점을 두고 있는지 결과에 초점을 둔 것인지도 섬세하게 그 상황에 따라 표현할 수 있어야 한다.

어떻게 생각하세요?

What do you think of~? vs. What do you think about~?

영어원어민 화자와 대화할 때 유념할 표현 중 하나가 "What do you think of/about~?"이다. (~에 대해 어떻게 생각하세요?) 대부분 "어떻게 생각하세요?"를 영어로 해보라고 하면 흔히 "How do you think?"라고 한다. 이것은 한국어의 "어떻게 생각하세요?"를 글자 그대로만 영어로 옮겼다고 할 수 있다. 이렇게 되면 이 의문문은 '당신은 어떤 수단을 통해서 생각합니까?'라고 묻는 생뚱맞은 질문이 되어버리고, 이런 질문에 유머 감각이 넘치는 영어원어민 화자들은 흔히 "내 머리로(with my brain) 생각하지."라고 농담조로 답하며 귀엽게 윙크할지도 모른다.

그럼 지금부터는 "What do you think~?" 뒤에 어떤 경우 'of'를 쓰고, 어떤 경우에 'about'을 써야 하는지 살펴보자.

아래 대화를 통해 적절한 전치사 사용을 분석해보자. (중학교 영어 교과서 예문)

A: What do you think about this hotdog?
B: I think it's very delicious.

A: What do you think about the movie, Jina?
B: I think it was exciting. How about you, Seho?
A: I thought it was boring.

'think about'이 취하는 목적어는 'a hotdog'와 'a movie'이다. 핫도그 관련 업계에 종사하는 사람의 대화라면 'think about'이라는 표현으로 다각도의 견해를 묻는 것의 대상이 되지만, 이 대화는 핫도그의 맛을 단순히 묻는 상황이므로 'think of'로 바꾸어야 한다. 두 번째 대화 역시 '그 영화에 대하여 생각해봤니?'라고 단순히 해당 영화에 대하여 어떤 생각이 드는지를 묻고 있다. 이런 오용은 한국어의 '~에 대하여'라는 표현이 영어의 'about'이라고 굳게 믿고 있기 때문이다.

---

* think about ➡ 해당 대상에 여러 측면으로 어떤 생각이 있는지를 묻는 경우,
  다면적이고 구체적인 생각거리, 어떤 대상에 대해 서로 이야가
  오고 갔으며 그것에 대하여 생각해봤는지를 물어볼 때 사용
* think of ➡ 어떤 것에 대하여 단순히 다시 기억해보는(recalling to mind) 것,
  즉석에서 어떤 생각이 드는지(a snap judgment)를 물어볼 때 사용

위 요점을 잘 적용한 아래 대화를 보면 선명하게 이해될 것이다.

I can't think of it right now, but maybe I will,
if I think about it long enough.
(나는 지금 그것을 생각해낼 수 없지만, 아마도 내가 그것을 충분히 생각해보면
생각해 낼 수 있을 것이다.)

참고: 비슷한 성격을 갖는 동사로 'hear', 'learn', 'know'가 있다. 이 동사 뒤에 'of'가 오면 그 목적어가 나타내는 개체의 존재를 '듣고', '배우고', '알고' 있음을 나타내고, 'about'이 오면 그 목적어가 나타내는 개체에 대하여 다각적으로 이것저것 '듣고', '배우고', '알고' 있음을 나타낸다. 한국어에는 이렇게 구분하는 언어형식이 없어서 무시하고 사용하는 경향이 많다.

갑자기 멈추면 어떡해요!

suddenly vs. quickly vs. rapidly

앞차가 갑자기 멈추면 뒤따르는 차는 접촉사고를 일으키기 쉽다. 아래 문장은 이런 상황을 묘사하고 있다.

> I was riding my motorcycle when something had happened. A car in front of me stopped quickly. My motorcycle hit the back of the car, and I flew into the air.
> (나는 내 오토바이를 타고 가다가 사고가 났다. 앞차가 갑자기 멈추었다. 나는 그 차 뒤를 받았고, 공중으로 날았다.)

위 문장의 'stopped quickly'가 해당 맥락에 적절한 표현일까? '갑자기 멈추다'를 영어로 표현하면 'stop suddenly'라고 해야 한다. 혹은 'make a sudden stop'이라고 할 수도 있다. 여하튼 한국어 '갑자기'의 영어표현은 'suddenly'이다. 위 예문의 'stop quickly'는 '빨리 멈추다'라는 의미를 나타낸다. 다음 페이지에서 'quickly, suddenly, rapidly'의 개념적 차이를 쉽게 설명해 두었다. 정확한 영어 표현을 할 때 잘 활용하시길 바라며….

'quickly'는 어떤 행동이 재빨리 완료되는 것을 의미하고, 'suddenly'는 '예상치 못하게 빨리(un-expectedly and quickly)'라는 의미를 나타낸다. 앞 페이지의 'stopped quickly'는 'stopped suddenly'로 수정해야 해당 맥락에 어울린다.

❶ Suddenly: 뒤이어 오는 문장이 나타내는 상황에 대한 화자의 판단이나 느낌(예상치 못하게 빠른)을 묘사할 때 사용
Suddenly (All of a sudden), the dog launched into a frenzy of barking.
(갑자기 그 개는 미친 듯이 짖기 시작했다.)

❷ Quickly: 어떤 행동이 예상된 시간보다 일찍 발생하고 진행되어 완료된 것, 과정이 아닌 결과에 초점을 둔 수식어
He quickly realized that she wasn't telling the truth.
(그녀가 진실을 말하지 않고 있다는 것을 재빨리 알아차렸다.)
Some tips to master it quickly.
(그것을 빨리 마스터하는 몇 가지 조언)

❸ Rapidly: 상황의 변화가 일찍 발생함, 주어의 의지적 행위가 전개되는 방식을 나타내는 동사와는 잘 어울리지 않음. run rapidly (X): 변화의 발생을 나타내는 것이 아니라 주어의 의지적 행동인 '달리는 행위'를 나타냄, 'run'은 상태 변화의 빠름만을 나타내므로, 동작의 수행자 'runner, talker, walker' 수식 불가능
＊ 'rapidly'의 수식이 'fast'나 'quick'보다 더 자연스러운 명사
rapidly action, change, growth, improvement, increase, movement, decline, mobilization, reaction, compensation, discontinuation, development, introduction, production, adoption, etc.
＊ 변화의 발생이 빨리 이루어짐을 나타낼 때
The business is expanding rapidly.
(사업이 빨리 확장되고 있다.)
The problem is rapidly worsening.
(그 문제가 빨리 악화되고 있다.)

❹ a quick worker: 예상된 시간보다 빨리 일을 끝마치는 사람
　 a fast worker: 일을 처리하는 속도가 빠른 능숙한 사람

같아 보이지만 다른 동사

They Look the Same
But They're Not

장래 무엇이 되고 싶니?

want to be vs. would like to

미래의 꿈을 물어보는 질문은 한국 영어 교과서에서 'want to be ~'라는 표현으로 소개하고 있고, 초급 영어 회화 수업에서도 그렇게 가르친다. 친구 사이의 대화인 아래 문장의 어색한 부분은 무엇일까? (중학교 영어 교과서 예문)

> B: What do you want to be in the future?
> G: I like movies, so I want to be a movie director.

우리 한국인들은 해외여행을 할 때 '무엇을 먹고 싶다', '어디로 가고 싶다' 등의 기본적인 표현을 대부분 'want to be~'로만 시작하려는 홀릭에 빠져있다. 이 책을 읽고 있으니 이제는 달라져야 할 때! 인생은 고치고 바꿔가며 발전하는 것이니, 차근차근 즐겁게 시작해보자.

이 표현을 어떻게 써야 제대로 된 표현일까? 개그맨 P씨가 어느 예능 프로그램에서 영어 회화를 열심히 한다고 배운 내용을 되새기며 반복적으로 'Would you like something to drink?'라는 문장을 익살스럽게 말하던 모습을 본 적이 있다. 그의 표현 ''would you like to be~'는 바르게 사용되었다. 그렇다면 'want to be~'라는 표현을 쓸 때는 언제일까?

'want something'이라는 표현은 '무엇인가 필요하지만, 그것이 없어서 갖기를 원한다'라는 현실적인 문제를 나타낸다. 'want to be ~' 역시 '~이 될 필요가 있고, 되기를 원한다'라는 현실적으로 매우 강력한 필요성을 나타낸다. 앞서 언급한 영어표현을 한국어로 옮겨 보면 '~이 되기를 원한다'가 되어 특별한 문제가 없어 보이지만, 이 대화문에서 첫 번째 대화는 매우 진지하고 심각하게 미래에 무엇이 될 필요가 있고 원하는가를 묻는 분위기가 된다. 그리고 두 번째 화자는 매우 강력하게 자신이 무엇이 될 필요를 느끼고, 그렇게 되기를 원한다는 현실적인 필요성을 표현해 버렸다. 이렇게 강한 현실적 욕구를 나타내면 장래 희망을 물어보는 질문으로는 매우 단도직입적인 분위기가 되어 상당히 어색해진다. 친구에게 영화감독이 되고 싶은 현실적인 욕구를 강하게 피력했는데, 중학교 1학년 학생들이 과연 몇 명이나 영화감독이 될 수 있을까? 영화감독이 될 확률보다 안 될 확률이 훨씬 더 높을 것이다. 영화감독이 되기 위하여 여러 준비과정을 거쳤고, 곧 영화감독으로 나아갈 수 있는 상태에서는 "I want to be a movie director."라고 자신의 희망을 표현했다면 그것은 자연스러운 표현이다. 다음 교육과정에서는 아래 문장처럼 고쳐진 표현을 기대한다.

B: What would you like to be in the future?
G: I like movies, so I'd like to be a movie director.

* want to be~ ➡ 현실적으로 당장 '~이 되고 싶고, 꼭 필요하다'라는 욕구 표현
* would like to be~ ➡ 부드러운 대화의 분위기를 이끄는 예의 바른 표현

준비됐나요?

Are you prepared? vs. Are you ready?

무슨 일이든 계획해서 실행하기 전에는 준비 단계가 있다. 한국어는 이 '준비'라는 추상적인 개념을 특별히 구분하지 않는다. 그래서일까? 한국인들의 'prepared'와 'ready'가 들어간 대화를 듣고 영어권 화자들은 지나치게 준비가 철저한 사람이라고 생각하기도 하고, 대충대충 시간 보내는 사람으로 여기기도 한다. 영어권 화자들은 '준비'의 개념을 크게 두 가지로 보는데, 이 표현을 잘 선택하면 책임감과 신뢰도를 높일 수 있을 것이다. 언어가 주는 힘은 이렇듯 신묘한 것이다. '준비된'이라는 표현에 대해 알아볼 준비가 되었다면 아래 문장들은 'prepared', 'ready' 중에서 어떤 것을 써야 할지 먼저 고민해보자.

❶ 과학자가 되기 위해 국제중등 과학 올림피아드 출제 문제를 풀어보고 물리, 화학, 생물 공부도 틈틈이 준비하기 ➡
❷ 짜장면집 배달원이 주문받기 전 단무지와 양파 미리 준비하기 ➡
❸ 겨울 김장 때 쓸 고춧가루를 만들기 위해 봄에 고추 모종 준비하기➡
❹ 여행 가기 전날 캐리어 정리하고 비품 준비하기 ➡
❺ 외국 대학에 입학하기 위해 고등학교 다니면서 TOFEL 준비하기 ➡
❻ 영화 촬영 때 감독의 '준비, 액션!' ➡
❼ 직장 새내기가 미래의 결혼생활을 꿈꾸며 주택청약 적금 준비하기 ➡
❽ 100m 달리기 '준비~ 땅!' ➡
* 홀수 번호 답: prepared   * 짝수번호 답: ready

prepared

ready

우리말 '준비된'에 해당하는 영어표현으로 'prepared'와 'ready'가 있다. 'prepared'는 발생할 어떤 상황에 대비하여 미리 준비된 것을 의미하고, 'ready'는 곧 발생할 상황에 대하여 심리적으로 완전히 준비된 것을 나타낸다. 그러므로 바로 발생할 상황에 대하여 "준비됐나요?"라고 물을 때 영어로 'Are you ready?'라고 표현한다. 'Are you prepared?'라고 하면 어색한 표현이다.

'prepared'와 'ready'는 의미상 서로 어떤 차이가 있으며, 아래 문장의 맥락에는 적합하게 사용되었는지 살펴보자. (2018년 대학수학능력시험 영어 듣기 문항)

> W: Charlie, our department workshop in Jeju is only two weeks away.
> M: That's right. Let's check if everything is prepared.
> W: Okay, I've already booked the flight for everyone. Did you take
>   care of the accommodations?

당연히 'prepared'보다 'ready'가 더 적합하다. 그 이유는 두 형용사의 의미적 차이에서 기인한다. 우선 'prepared'는 앞으로 발생할 상황에 대비하여 미리 준비된 것을 의미하고, 그 상황이 시간상으로 꽤 많이 떨어진 경우이다. 반면 'ready'는 앞으로 곧 발생할 상황에 준비된 것을 의미한다. 이런 시간적 근접성 외에도 'ready'는 발생할 상황에 대하여 심리적으로 준비된 것을 의미한다. 반면 'prepared'는 이런 면에서 중립적이다. 이 두 의미적 차이를 참고하면, 위 대화에서 자신들의 부서 워크숍이 2주 앞으로 다가왔다고 말한 상황이므로 시간상으로 근접한 일정에 대해 준비된 것을 표현하려면 'prepared' 대신 'ready'를 사용해야 한다. 위 대화문은 'prepared'를 'ready'로 고쳐야 하는 것 이외에 다른 표현들도 아래 문장과 같이 수정해야 더 자연스러워진다.

> W: Well, Charlie, our department's workshop on Jejudo Island is only
>   two weeks away.
> M: That's right. Let's check to see if everything is ready.
> W: Okay, I've already booked flights for everyone. Did you take care
>   of the accommodations?

시작이 반이다

begin vs. start

이 속담에 해당하는 영어표현은 "Well begun is half done."이다. 'well begun'
이란 '잘 시작된' 것을 의미한다. 우리말 '시작'에 해당하는 또 다른 영어표현은
'start'가 있는데 거의 모든 영어 사전이나 영어 문법서에 'begin'과 의미가 같
은 동의어라고 소개하고 있다. 그렇다면 이 영어 속담에서 'well begun'을 'well
started'로 바꾸어 'Well started is half done.'이라고 할 수 있을까? 답은 No!
'begin'은 사건의 시작 시점을 포착하고, 'start'는 해당 사건의 준비 단계를 포
함한 사건 초입을 나타내며, 기계와 같은 것을 작동하거나 움직이게 한다는 의
미로 사용된다. 생각의 정리가 필요한 이 두 가지 동사의 성격 테스트는 다음 페
이지에서~

start

begin

＊ Preview
　　　John began to write the essay.
　　　John started to write the essay.

'began'의 경우 에세이 작성을 실제로 시작했다는 의미, 'started'는 에세이 작
성을 위한 준비 단계를 포함한 에세이 작성 시작 단계에 있음을 나타낸다. 위 두
문장을 부연 설명하면 다음과 같다.

　　　John began to write the essay, but he has not finished it yet.
　　　(John은 에세이를 쓰기 시작했다. 그러나 아직 마치지 못했다.)

❶ Begin: 해당 사건의 시작 시점만을 나타내고, 준비 단계에는 적용되지 않는다.
시작이 있고 끝이 나는 과정(begin → end), 공식적인 문서나 격식을 차린 상황을 이야기할 때
주로 사용한다.
Scientists are studying how life on earth began.
(과학자들은 지구상에서 생명체가 어떻게 시작되었는지 연구 중이다.)
What time will the CEO begin his presentation?
(몇 시에 CEO가 발표를 시작하나요?)

* 영어 속담 'Well begun is half done.'은 준비 단계가 아닌 본 사건의 시작을 나타내므로
'Well started'는 어색한 표현이 된다.

❷ Start: 어떤 사건이 본격적으로 시작되기 전 그 사건의 준비 단계를 포함한 첫부분에 앞선 시작
을 의미한다. 해당 사건을 일으킨 유발자의 존재를 염두에 둔 표현이며, 멈추거나 시작과 정지의 반
복이 가능한 변화(start ↔ stop), 정지 상태에서 갑자기 움직이는 경우(100m 달리기, 자동차 시
동 걸기, 여행이나 길 떠나기, 기계 작동)를 표현할 때 쓰인다.
How do you start the washing machine?
(세탁기를 어떻게 작동시키지?)
The flood started our troubles.
(홍수가 우리 어려움의 시작이었다.)

❸ He started losing his temper at the innocent girl but then he didn't. (X)
He began losing his temper at the innocent girl but then he didn't. (O)
(그는 순진한 소녀에게 화가 나기 시작했다. 그러나 화를 내지 않았다.)

* start: 화를 내는 사건의 준비 단계에 해당하는 부분만을 나타낼 수는 없으며,
화를 내지 않았다고 뒤이어 표현하는 것도 불가능하다.
John started to sneeze but then he didn't sneeze. (O)
John began to sneeze but then he didn't sneeze. (X)
(John은 재채기를 시작하려다가 그만두었다.)

* begin: 동사가 기술하는 사건(재채기)이 이미 시작되었음을 나타낸다.

다 끝날 때까지 끝난 게 아니야!

finish vs. end

뉴욕 양키스 소속(New York Yankees)의 전설적인 야구선수였던 Yogi Berra 는 "질 때 지더라도 끝까지 최선을 다하자! 포기하지 말고 최선을 다해야 한다" 라고 자신의 팀 동료들에게 강조하며 "It ain't over till it's over."이라는 명언 을 남겼다. 영화배우이자 크라비츠 디자인회사 CEO인 다재다능한 뮤지션 Lenny Kravitz 역시 "It ain't over till it's over."이라는 제목의 노래를 발표해 큰 사 랑을 받기도 했다.

'be over'는 '끝나다'라는 의미이고, 이런 뜻을 가진 동사로 'finish'와 'end'가 있 는데, 이 두 표현은 각기 다른 '끝'을 나타낸다.

동사 'end'는 어떤 사건이 도중에 끝나는 것을 나타낸다. 그리고 그 끝남을 좌우할 수 있는 의지력을 가진 주체가 존재해야 한다. 동사 'finish'는 어떤 사건의 결말이 명확하거나 충분히 생각해 볼 수 있는 사건의 끝남을 의미한다. 'finish'가 서술어로 사용된 문장은 해당 사건이 끝까지 진행되어 종료되었음을 나타내고, 상당한 시간이 걸려서 전개되는 자연현상에서 나타나는 사건의 종결을 표현할 때도 쓰인다. 따라서 Yogi Berra가 말하고 Lenny Kravitz가 노래한 "It ain't over till it's over."의 'over'는 'end'가 아닌 'finish'의 의미로 사용되었다.

> The meeting in Geneva thus ended abruptly in high-visibility failure.
> (제네바에서 회합이 너무 앞이 보이지 않아 갑자기 끝났다.)
> The waiter arrived with our meals, effectively ending our conversation.
> (웨이터가 음식을 가지고 와서 우리 대화는 실제로 끝났다.)
> I definitely want to be a professional musician once I finish my studies.
> (일단 공부를 마치면 확실히 나는 전문 음악인이 되고 싶다.)
> The flowers finished blooming in early April.
> (그 꽃은 4월 초까지 핍니다.)

위 예문에서 'end abruptly', 'effectively end'는 회의 혹은 대화 등이 중간에 갑자기 끝나서 정해진 결말에 이르지 못함을 나타내고, 'finish my studies'는 정해진 결말까지 성취했음을 나타내며, 'finished blooming'은 자연현상의 종결을 나타낸다.

∗ end: 정해진 특정 결말을 상정하기 어려운 사건을 나타내는 표현이 주어가 될 때
　　The war ended after five horrible years.
　　(그 전쟁은 5년간의 끔찍한 전투를 치르고 끝이 났다.)

∗ finish: 음식을 나타내는 표현이 목적어일 때 그 음식을 완전히 다 먹었음을 표현
　　　We finished the pie last night.
　　　(우리는 지난밤에 그 파이를 다 먹었다.)

도착, 당도, 도달했어요?

arrive at vs. get to vs. reach

At last, we set foot at Stonehenge, one of the most mysterious places on Earth. After a two-hour drive from our home in London, we finally get to Stonehenge. It was just amazing to see the ring of huge stones. How did those huge stones get there thousands of years ago?

(드디어 우리는 세상에서 가장 신비로운 장소 중 하나인, Stonehenge[2]에 도착했다. 런던에 있는 집에서 두 시간 운전한 후 마침내 우리는 Stonehenge에 도착했다. 거대한 돌들의 고리를 보는 것은 그저 놀라울 뿐이었다. 수천 년 전에 어떻게 그 거대한 돌들이 그곳에 갔을까?)

Stonehenge의 경관을 감탄하는 내용을 담은 중학교 영어 교과서 예문이다. 잘못된 표현은 'get to'. 다음 페이지에 상세한 설명이 추가되어 있다.
Stonehenge는 한 여성의 비극적인 사랑을 다루며 19세기 말 영국의 극심한 빈부격차와 농민의 비참한 삶을 시대적 배경으로 한 'Thomas Hardy'의 *Tess*라는 소설과 영화 마지막 장면의 배경이 된 장소로도 유명한 곳이다. Tess가 교수형에 처형되기 전 평화롭게 잠시 잠들어 있었던 햇살이 아름다운 그곳, Stonehenge! 소설과 영화 모두 추천한다.

---

2) 스톤헨지: 영국 남서부 지방의 솔즈베리 평원에 있는 석기 시대의 원형 유적. 돌무더기가 원 모양으로 둘러쳐 있고, 그 안쪽에 말발굽 모양의 돌들이 늘어서 이중구조. 하지 무렵에 해가 뜨면 햇빛이 이 원형의 중심을 지나는 지름을 형성함.

첫 번째 'get to'는 'arrive at'으로 바꾸는 것이 맥락에 훨씬 더 잘 어울린다. 'arrive'는 도착하는 주체의 장소나 그 과정이 멋지고 품위 있는 경우에 쓰인다. 'Stonehenge'와 같은 대단한 유적지에 도착했는데, 단순히 'get to'라는 동사로 표현하는 것은 어울리지 않는다. 두 번째 'get there'는 수동태로 바꾸어 어떻게 그곳으로 옮겨져 왔는지 물어보는 의문문이 되어야 한다. '~로 여행하다'라는 표현은 'set foot at'이 아니라 'set foot on'이다. 이러한 수정 내용을 반영하여 다음과 같이 바꾸었다.

> At last, we set foot on Stonehenge, one of the most mysterious places on Earth. After a two-hour drive from our home in London, we finally arrive at Stonehenge. It was just amazing to see the ring of huge stones. How were those huge stones moved there thousands of years ago?

'도착하다'란 영어표현으로 사용되는 일반적인 동사는 'arrive at', 'get to', 'reach'가 있다. 이 세 가지 동사의 표현이 전달하는 뉘앙스와 그 쓰임은 다음과 같다.

❶ Arrive at: 도착한 주체와 장소 등의 측면에서 도착한 상태가 'get to'에 비해 더 격식을 갖춘 표현이고, 목적지에 다다르는데 특정 교통편이 사용되었음을 강하게 함축한다.
This beautiful bouquet will most certainly arrive in style!
(이 아름다운 꽃다발은 신선하고 우아하게 목적지에 정확히 배달될 것입니다.)
If we catch the 6 AM train, we'll arrive in the city around 8:30.
(우리가 만약 오전 6시 기차를 탄다면, 그 도시에 8시 30분에 도착할 거야.)

❷ Get to: 도착지 또는 해당 여행이 그 지점에서 종결되는 것을 의미한다. (일상대화에 사용)
What time do you usually get to work? (보통 몇 시에 출근하니?)

❸ Reach: '~에 도달하다(목적지 필요)'의 뜻으로 도착지가 최종 목적지임을 나타내고, 긴 여정이나 노력, 어려움의 의미가 내포되어 있다.
You cannot reach your destination even though you do your best.
(네가 최선을 다하더라도 목표에 도달할 수는 없다.)

세종대왕이 한글을 창제하셨어요

invent vs. create

훈민정음의 독창성과 과학성에 대하여 현대 언어학자들도 놀라고 있다. 사람의 소리를 자음과 모음으로 나누고 한 음절을 한 글자에 담아 표기하려는 생각은 현대 언어학으로 보면 당연하다고 여겨질지 모르지만 그 당시 식견으로 보면 매우 독창적이고, 과학적이고 그리고 위대한 일이다. 하지만 '한글 창제'라는 존경스러운 업적을 소개하는 문장에 쓰인 동사가 잘못 선택되었다면 그야말로 실망 두배…. 바로잡아야 한다! 아래 예문 'invent'의 쓰임이 주는 실망감이 느껴지는가?

King Sejong worked hard for his people. He invented Hangeul, the Korean alphabet, because Chinese letters were so difficult. (중학교 영어 교과서 예문)

위 문장은 세종대왕이 그의 백성을 위해 열심히 일했고, 한자가 너무 어려워 우리말 표기체계, 즉 한글을 창제하였다는 것이 그 내용이다.
'invented'는 'created'로 바꾸는 것이 더 자연스럽다.

❶ Invent: 특정한 용도가 정해져 있는 것을 발명한다는 의미를 나타낸다. 'invent' 는 15세기 무렵 'discover'와 유사한 의미로 사용되었고, 현재도 약간은 'discover'처럼 '우연히'라는 의미를 포함하고 있다. 가령, 세탁기나 면도기처럼 고유한 용도가 있는 기기의 이름들은 동사 'invent'의 목적어가 될 수 있다.

She is credited with inventing a procedure that has helped to save thousands of lives.

(수천 명의 목숨을 구하는 데 도움이 된 조치를 고안한 것은 그녀의 공이다.)

❷ Create: 재능과 상상력을 동원하여 전에 없던 어떤 것을 새롭게 창안한다는 의미이다. 훈민정음은 세탁기, 면도기처럼 약간은 우연히 발명할 수 있는 것이 아니라, 매우 탁월한 재능과 상상력이 동원되어 만들어진 정신적 산물이다. 이와 같은 추상적인 체계를 표현할 때 쓰일 수 있다.

He has been creating music for over 30 years.

(그는 30년 넘게 새로운 음악을 만들어오고 있다.)

She enjoys creating new dishes by combining unusual ingredients.

(그녀는 특별한 음식 재료를 합쳐 새로운 요리를 만들어내는 것을 좋아한다.)

❸ 아래 문장은 이 두 동사의 의미적 차이를 대비해서 잘 보여주고 있다.

➡ 'create'의 대상: 추상적인 것(상황, 문제) ➡ 'invent'의 대상: 물질적인 것(기계)

Do we really need to create artificial scarcity by inventing awards that only some kids can receive?'

(몇몇 아이들만 받을 수 있는 상을 고안해서 인공적인 희소성을 만들 필요가 진짜로 있을까?)

반려견과 함께 산책을

walk vs. take for a walk

요즘 공원을 걷다 보면 반려견(a companion dog)과 함께 산책하는 사람들을 자주 보게 된다. 아래 영문도 자신의 개를 매일 산책시킨다고 기술하고 있다. 이 영어문장은 2018년 새롭게 도입한 중학교 영어 교과서에서 발췌한 것이다. 학생들이 평소 즐기는 것을 소개하는 글의 맥락에 예시문으로 주어진 것이다.

> I like badminton. I play badminton with my father every weekend.
> I like my dog, Bolt. I walk him every day.

일반적으로 반려견을 데리고 산책하는 상황을 묘사할 때 'take one's dog for a walk'라고 표현한다. 이 표현과 교과서 표현은 의미상으로 어떻게 다를까?

교과서 표현은 자신의 개를 산책시키는 대상물로 보는 시각을 나타낸다. 반면 'take one's dog for a walk'는 자신의 개와 함께 산책하는 자신을 동등한 개체로 보는 관점을 나타내는 표현이다. 자신이 정말로 자신의 개를 좋아하고 그러한 반려관계(companion relationship)를 인정한다면 교과서 표현과 같이 행위의 대상물로 객관화하지는 않을 것이다. 함께 산책을 즐기는 '반려적 존재'라는 시각을 표현하는 'take one's dog for a walk'로 교과서 표현을 수정해야 자연스러워진다.

❶ 'walk'가 교과서의 표현처럼 타동사로 사용되고 그 목적어가 사람을 나타낼 때, 주어가 그 사람을 어떤 장소까지 안내하거나 데리고 간다는 의미를 나타낸다.
She walks her children home from school.
(그녀는 애들을 학교에서 집까지 걸어서 데려온다.)
The nurse walked the patient to the bathroom.
(그 간호사는 그 환자를 화장실까지 걸어서 데려갔다.)
I'll walk you to the station.
(내가 당신을 걸어서 역까지 모셔다드리겠습니다.)

❷ 목적어가 사람이 아닌 동물을 나타내는 경우 동물을 산책시키기 위하여 걷게 한다는 의미를 나타낸다.
He walks the dog at least three times a day.
(그는 그 개를 적어도 하루에 세 번 산책을 시킨다.)
She walked the horse to the stable.
(그녀는 그 말을 마구간까지 걸려서 데려갔다.)

❸ 반려견을 데리고 산책을 즐기는 '반려적' 동등한 관계를 나타내려면 'take one's dog for a walk'로 표현해야 한다.
I would take my dog for a walk along the riverside trail at 3 p.m. every day.
(매일 오후 3시에 나의 반려견을 데리고 강변 산책로를 따라 산책하곤 했다.)

가야 할지 와야 할지, 갈팡질팡 한국식 영어

Can you go? vs. Can you come?

"오늘 저녁 우리 potluck 파티에 오시겠어요?" 이 말을 영어로 하면 어떤 표현을 사용해야 할까? '우리 potluck 파티에 오다'라는 의미만 영어로 나타내보면 'join our potluck dinner party' 혹은 더 평이하게 'come to our potluck dinner party'가 될 것이다. 여기에 '오라는 제안'을 하려면 'Would you like to~', 'How about~' 등의 표현을 추가로 덧붙여 사용하면 될 것이다. 그래서 'Would you like to come to our potluck dinner party?' 혹은 'How about coming to our potluck party?'라고 해도 일상적으로 편하게 이야기하는 식(informal)으로 표현할 수 있다.

그런데 어느 중학교 영어 교과서는 'How about going to our potluck party?'라는 표현을 사용하고 있다. 더 설명할 필요도 없이 'going'을 'coming'으로 고쳐야 한다. 영어 교과서만 문제가 있는 것이 아니라, 대학 수학능력 영어 듣기 문제에서도 'come'과 'go'를 제대로 구분해서 사용하지 못하고 있다. 수능 영어 듣기 문제의 어느 대화문에서 A와 B는 친구이며 A가 B에게 '내가 어제, 이번 주 일요일 다른 친구와 hiking 갈 수 있는지 물어보려고 전화했었어.'라고 말하면서 B에게 '너도 갈 수 있니?'라고 면대면으로 묻는 맥락이다. 이 면대면 질문으로 'Can you come?'이라고 했다. 이런 맥락이면 'Can you go?'라고 해야 한다. 왜 그럴까?

❶ Go: 화자와 청자가 다른 방향이나 장소로 이동하거나, 예정되지 않은 제3의 장소로 이동할 때 사용된다. 이런 움직임에 무엇을 가지고 이동할 경우 'take(가져가다, 데려가다)'를 사용한다.

❷ Come: 화자와 청자가 동일한 장소로 이동할 경우나 미리 계획된 활동을 할 장소로 함께 이동할 경우(청자가 화자의 장소로 이동하는 경우) 사용한다. 이런 움직임에 무엇을 가지고 이동할 경우 'bring(가져오다, 데려오다)'을 사용한다.

앞서 설명한 중학교 영어 교과서 대화문의 맥락 'our potluck dinner party'를 통해 화자가 그 파티에 참석한다는 가정을 충분히 알 수 있다. 또한 그 장소로 청자가 이동하는 상황이어서 동사 'come'을 사용해서 표현해야 한다. 반면 수능 영어 듣기 문제의 대화 맥락은 다가오는 일요일 hiking은 예정된 활동이 아니라 함께 가면 어떤지 의견을 묻고 있다. 즉, 화자가 청자에게 제3의 장소로 이동하는 것을 묻고 있으므로 동사 'go'를 써야 한다. 그래서 어떤 제3의 장소로 이동할 것을 권유할 때 'Let's go to ~'라고 하지 'Let's come to ~'라고 하지 않는다.

❸ 이 두 동사와 같은 문제를 가진 동사 세트로 'take'와 'bring'이 있다. 이 두 동사의 의미는 'go', 'come'의 의미에 각각 대응되며 어떤 것(대상)을 가지고(데리고) 움직이는 것을 나타낸다.

Let's have one more drink, and then I'll take you back home.
(한잔 더 하자, 내가 너희 집에 데려다줄게. ➡ 움직임은 같은 방향, 같은 장소지만 결국 청자는 화자를 집에 데려다주고 헤어져 다른 장소로 가는 것 암시)

I'm bringing my wife back home from hospital this evening.
(오늘 밤에 병원에서 집으로 아내를 데려올 거야. ➡ 같은 집에 거주하는 가족)

밥을 짓게 빨리 불을 피워요!

make a fire for cooking vs. build a fire for cooking

make a fire for cooking

build a fire for cooking

캠핑 가서 음식을 조리하기 위해 캠프장에 특별히 준비된 곳을 제외하면 불을 피우는 것이 대체로 한국에서는 금지되어 있다. 이런 내용을 한국 영어학습자들에게 영어로 표현해보라고 하면 대부분 아래와 같이 영어로 옮긴다.

> It is strictly prohibited to make a campfire to cook at
> *a camping site except in the designated fire ring or pit.

위 문장에서 주의해서 볼 표현은 'a camping site'이다. 영어에서 'a camping site'라는 표현은 없다. 대신 'a campsite'라고 해야 한다. 'a campsite'를 가리켜 한국 사람들은 흔히 '캠핑 장소'를 말하기 때문에 실제 영어로 말할 때도 위 문장처럼 표현해 버린다. 그리고 또 주목할 표현은 'to make a campfire'이다. 이 표현은 우리말 '불을 붙이다'의 뜻으로 요리하기 위해 불을 피우는 것을 정확히 내포한 표현은 아니다.

I'm hungry. Let's make a fire and cook something.
(중학교 영어 교과서 예문)

이 표현은 야외캠프장(a campsite)에서 사용된 맥락이다. '배고파요. 불을 피우고 뭔가를 요리합시다'의 내용으로, 보통 요리하기 위한 것이라면 'Let's build a fire to cook.'이라고 표현해야 자연스럽다. 엄격히 말해 'make a fire'라는 표현은 'start a fire(불을 지피다)'와 거의 같다. 난방 등의 목적으로 사용할 '불'을 마련하기 위한 첫 단계로 불쏘시개에 불을 붙이는 것(set fire to tinder and kindling)을 의미한다. 그 이후 장작 등 땔감(firewood)에 불을 붙여 요리할 정도의 화력을 확보하는 과정을 포함한 행위를 나타내는 표현은 'build a fire'이다. 중학교 영어 교과서에 있는 위의 표현은 'and cook something' 때문에 단순히 불을 지피는 것을 넘어 요리할 정도의 화력을 유지하는 것을 나타내는 표현이 되어야 한다. 추가로, 영어에서 'a camping site'라는 표현은 없으므로 'a campsite'라고 표현해야 하는 것을 유념하자. 위 문장을 수정하여 자연스럽게 정리하면 다음과 같다.

I'm hungry. Let's build a fire and cook something.

영어의 사건 동사들은 해당 사건이 완성되었음을 반드시 나타내지만, 한국어의 경우는 그 완성 여부가 확실하지 않다. 따라서 그 사건의 첫 단계가 이루어졌는지조차도 모호하다. 한국어의 사건 동사 의미는 매우 상황 의존적이다. 하지만 영어는 비교적 이러한 상황 의존성이 약하고, 국면을 나누어 구체적으로 표현하는 특성이 강하다. 두 언어 사이의 이런 차이를 한국인 영어학습자들은 대체로 인식하지 못한다. '요리할 불을 피웁시다'를 영어로 제대로 옮기려면 'build a fire for cooking'이라고 표현해야 한다. 한국어처럼 모호한 의미를 나타내는 동사 'make' 대신 'build'를 사용해야 'for cooking'과 부합되는 의미를 표현할 수 있다. 한국인 영어 교과서 저자들이 앞뒤가 맞지 않는 어색한 표현을 교과서에 사용하고도 인식하지 못하는 것은 아마도 한국어와 영어의 이러한 본질적 차이를 간과했기 때문일 것이다.

속삭임, 대화, 상담 그리고 연설까지!

say vs. tell vs. talk vs. speak

영어라는 언어를 처음 접했을 때 '말하는 것'을 묘사하는 동사의 종류에 대해서 큰 관심을 가졌던 기억이 난다. 누구나 한 번쯤은 이런 경험이 있을 것이다. 한국어를 배우는 외국인들도 필자와 같은 궁금증을 대부분 가져보았을 것이다. 말하다, 언급하다, 발화하다, 고하다, 수다 떨다, 토론하다, 토의하다, 연설하다, 설명하다, 상담하다, 논의하다, 논쟁하다, 언쟁하다…. 1초 만에 떠오르는 한국어 '말하다' 동사의 개수만 해도 무려 12개가 넘는다. 이 책을 읽고 있는 여러분 모두는 이 단어의 뜻을 정확히 설명할 수 있으리라 믿는다. 한국어를 배우는 영어권 화자가 위의 동사들의 차이를 물어보면 친절하게, 자신 있게 설명할 준비를 하기 위해 영어의 '말하다'를 미리 파악해야 한다. 훗날 정확하게 잘 가르쳐주자.

talk

speak

* Preview
speak to~ vs. talk to~: 격식 vs. 비격식
The King spoke to me. It's amazing!: 왕의 대화 상대는 일반인
(왕께서 나에게 말을 걸어오셨어요. 정말 놀랐어요!)
The King was talking to the Queen.: 왕과 왕비는 대등한 대화 상대
(왕이 왕비와 이야기하고 있었어요.)

'말하다'라는 의미가 있는 영어표현으로 자주 사용되는 동사로 'say', 'tell', 'talk', 'speak' 등이 있다. 이 영어 동사들의 의미는 영영사전에 대동소이하게 설명되어 있지만, 상황 맥락에 따른 근본적인 차이를 상세하고 쉽게 설명하려고 예문과 함께 메모 형식으로 간결하게 분류하였다.

❶ Say: '무엇인가 발화하다'의 의미가 핵심, 누구에게 말했는지는 부차적인 문제
(동사 'utter'와 비슷함),
Ben never forgets to say (to people), "Please" and "Thank you".
(Ben은 늘 "부디", "감사합니다"라고 말하는 것을 절대로 잊지 않는다.)
The spokesman said that the company had improved its safety standards.
(회사 대변인은 회사가 안전기준을 향상했다고 말했다.)

❷ Tell: '누구에게', '무슨 내용'을 전했는지가 의미의 핵심, 'He tells me~'와 같이 대화 상대를 나타내는 표현이 목적어로 사용되는 형식, '정보전달'이라는 기본 의미 외 'realize, know, discern'과 같은 의미, 'tell a lie, the truth, tales'처럼 '거짓, 진실, 남의 말을 한다' 등과 같은 숙어적 표현에 사용
Can you tell the difference between margarine and butter?
(마가린과 버터의 차이를 구별할 수 있는가?)
You can tell that they are in love.
(당신은 그들이 사랑하고 있다는 것을 알 수 있다.)

❸ Talk: 상호 동등하게 대화를 주고받는 것, 명시적인 '대화 상대' 표현 필요함.
대화 상대가 주어와 대등하거나 상호적임. 전치사구(talk to someone)로 표현 (talk at someone: 듣는 사람을 배려하지 않고 자신의 말만 일방적으로 하는 것)
What discussion? You weren't talking to me, you were talking at me!
(무슨 토론? 너는 내게 상의하지 않았어, 일방적으로 말만 하고 있었어!)
Your first step should be to talk to a school counselor.
(우선으로 해야 할 일은 학교 상담 선생님을 찾아가 상담하는 것이다.)

❹ Speak: 한 사람에 의한 언어사용에 초점을 둔 표현, 'talk'보다 격식적인 표현
John can speak three languages. (John은 세 개 언어를 말할 수 있습니다.)
His throat cancer has left him unable to speak.
(후두암 때문에 그는 말을 할 수 없습니다.)

군것질 영어

지은이/ 이예식, 김지희
펴낸이/ 박영발
펴낸곳/ W미디어
등록/ 제2005-000030호
1쇄 발행/ 2020년 7월 7일
주소/ 서울 양천구 목동서로 77 현대월드타워 1905호
전화/ 02-6678-0708
e-메일/ wmedia@naver.com

ISBN 979-11-89172-32-9   03740

값 10,000원